Volker Albert • Edith Baillieu

Feng Shui

im Spiegel der

Persönlichkeit

Mit der NineStarKi-Analyse des Geburtsdatums zu
innerem Wachstum und nachhaltigem Erfolg

WINDPFERD

Die in diesem Buch vorgestellten Informationen sind sorgfältig recherchiert und wurden nach bestem Wissen und Gewissen weitergegeben. Dennoch übernehmen Autor und Verlag keinerlei Haftung für Schäden irgendeiner Art, die direkt aus der Anwendung oder Verwendung der Angaben in diesem Buch entstehen. Die Informationen in diesem Buch sind für Interessierte zur Weiterbildung gedacht.

1. Auflage 2000

Umschlaggestaltung: Kuhn Grafik, Digitales Design, Zürich
Lektorat: Birgit Förster
Herstellung: Schneelöwe, Aitrang
ISBN 3-89385-344-8

Printed in Germany

Inhaltsverzeichnis

Vorwort

»Neun-Sterne-Ki« ist der japanische Ausdruck für einen uralten, angesehenen Zweig der östlichen Astrologie, der neuerdings wieder populär wird. In China wird er »Astrologie der neun Häuser« und in Tibet »System der Mewas« (Muttermale) genannt. Einfache Berechnungen enthüllen unentbehrliches Wissen über unser wahres Selbst und zeigen uns, wie wir unser Potential ausschöpfen und dadurch erfolgreicher und glücklicher werden können.

Das Neun-Sterne-Ki ist die Grundlage des Feng Shui, der Kunst der Raumgestaltung. Feng Shui wird immer beliebter und gilt heute als wertvolle Hilfe für alle, die unsere Umwelt verstehen und ins Gleichgewicht bringen wollen. Das Neun-Sterne-Ki verfeinert diese Geomantie auf einzigartige Weise und paßt sie individuellen Bedürfnissen an.

Seitdem ich damit begonnen habe, Neun-Sterne-Ki in Deutschland zu lehren, nehmen Volker Albert und Edith Baillieu an den Seminaren teil. Sie studieren und integrieren diese alte Wissenschaft mit Eifer und Hingabe zum Nutzen ihrer Klienten und aller Menschen in ihrer Umgebung, die an dieser Astrologie interessiert sind. Ich habe beobachtet, daß Volker und Edith ihre Einsichten sowohl ihrem Studium als auch ihrer Intuition verdanken. Die Ziele, die sie verfolgen, und die Art und Weise, wie sie ihre Auffassung vom Neun-Sterne-Ki anderen vermitteln, verrät Begeisterung und Aufrichtigkeit. Ich bin sicher, daß ihr Buch nicht nur das allgemeine Interesse am Neun-Sterne-Ki, sondern auch seine Glaubwürdigkeit und seinen Nutzen im Geschäftsleben und im Management fördern wird.

Robert Sachs

Danksagung

Ein Buch ist etwas, was in Gemeinschaftsarbeit entsteht.
Und so möchten wir unserer Verlegerin Monika Jünemann danken,
die uns wertvolle Kritik und Anregungen gegeben hat.
Unser Dank gilt auch der Lektorin Birgit Förster,
die mit viel Verständnis und Engagement unser Manuskript bearbeitet hat.

Einleitung

Als wir nach langer Zeit des Studiums von I Ging und Feng Shui mit einer entsprechenden Beratungstätigkeit an die Öffentlichkeit gingen, machten wir manchmal die Erfahrung, daß Feng-Shui nicht immer die Wirkung erzielte, die die klassischen Feng-Shui-Regeln versprachen. Auf der Suche nach möglichen Fehlerquellen beschäftigten wir uns intensiv mit Radiaesthesie und dem geomantischen Umfeld. Durch die Einbeziehung unserer daraus gewonnenen Erkenntnisse konnten wir unsere Arbeitsergebnisse deutlich verbessern.

Aber auch das war nicht ausreichend. Im Verlauf der nächsten Jahre stellte sich heraus – insbesondere bei Untersuchungen im Unternehmensbereich –, daß bei Feng Shui-Beratungen das Interieur sehr stark, der Mensch an sich jedoch weniger berücksichtigt wird. Es war dann auch kein Zufall, daß wir zu diesem Zeitpunkt auf folgende Sätze des Schweizer Psychotherapeuten C.G. Jung stießen:

»Die psychologische Regel sagt, daß eine innere Situation, die nicht bewußt gemacht wird, sich außen ereignet, als Schicksal. Das heißt, wenn das Individuum ungeteilt bleibt und sich seiner inneren Widersprüche nicht bewußt wird, muß die Welt den Konflikt gewaltsam ausarbeiten und wird in entgegengesetzte Hälften zerrissen.«[1]

Mit der immer intensiver werdenden Einbindung der NineStarKi-Analyse eröffnete sich uns eine umfassendere und somit ganzheitlichere Perspektive in unserer Beratungstätigkeit. Zu den bekannten räumlichen Ausmaßen des Feng Shui wurden mit der NineStarKi-Analyse weitere Dimensionen hinzugefügt, nämlich ein menschlicher und ein zeitlicher Aspekt.

Wer glaubt, daß er durch eine rein äußerliche Veränderung des Umfeldes mit Feng Shui-Maßnahmen sein Leben langfristig und nachhaltig verändern kann, gibt sich Illusionen hin, wenn er den individuellen menschlichen Bereich nicht stärker berücksichtigt. In diesem Buch werden erstmalig menschliche und psychologische Hintergründe aus Sicht der NineStarKi-Analyse und der darin enthaltenen Fünf-Elemente-Lehre in unzähligen Beispielen aus der Praxis beschrieben. Denn stärker, als es dem Menschen bewußt ist, beeinflußt er mit seinen Einstellungen und Gedanken den Verlauf seines Lebens. Die NineStarKi-Analyse bietet die Möglichkeit, Probleme, Hindernisse und Schwierigkeiten aus einem anderen

Blickwinkel zu betrachten, um sich von festgefahrenen Mustern und Verhaltensweisen zu lösen. Dazu lädt Sie dieses Buch ganz herzlich ein.

Wer sich harmonische Beziehungen, Erfolg im Beruf und soziale Anerkennung wünscht, darf sich mit uns auf den Weg begeben. Denn:

»Wer immer das macht, was er schon immer getan hat, wird auch immer nur das bekommen, was er schon immer bekommen hat.«[2]

In den letzten zwei Jahren stieg das Interesse vieler Menschen, die von uns beraten wurden und an unseren Vorträgen und Workshops teilgenommen haben, an einem Buch, in dem die Grundlagen der NineStarKi-Analyse einfach und sofort umsetzbar beschrieben werden. Ein guter Freund gab uns einen letzten Anstoß, endlich damit anzufangen. Und so entstand dieses Buch, mit dem wir Ihnen ein gut funktionierendes Werkzeug zur Verfügung stellen, um Ihr Leben bewußter zu gestalten.

Viele Menschen haben zur Entstehung dieses Buches beigetragen. Wir sind insbesondere unseren Klienten dankbar für ihr Vertrauen in uns. Ohne sie fehlte der praxisbezogene Hintergrund. Wir danken auch unseren Lehrern William Spear und Robert Sachs. Roberto Marrochesi gab vor mehr als zehn Jahren den ersten Anstoß, sich intensiver mit diesem Thema zu beschäftigen. Und vielen Kollegen und Freunden, die offen für unsere Fragen waren, sei ebenfalls an dieser Stelle gedankt.

»Die menschlichen Gesetze haben ihren Ursprung im göttlichen Gesetz, das allumfassend und einheitlich ist und alles nach seinem Willen durchdringt, um menschlichen Streben zu dienen. Es ist mächtiger als alle menschlichen Gesetze«.[3]

Die Möglichkeiten des NineStarKi

Wohn- und Arbeitsräume sind ein Spiegelbild der dort lebenden und arbeitenden Menschen. Daraus ergibt sich von selbst, erst beim Menschen zu beginnen, um dann (Lebens-)Räume bewußt zu gestalten. Feng Shui und NineStarKi haben gemeinsame Wurzeln. Beide Systeme basieren auf dem Lo Shu-Quadrat, welches wiederum seine Ursprünge im I Ging hat. Es ist aber auch in unserer westlichen Kultur nicht unbekannt.

Die NineStarKi-Analyse ist im privaten wie im beruflichen Bereich besonders gut einsetzbar, wenn schnelle Entscheidungen getroffen werden sollen. Psychologische Testverfahren sind teuer und in der Auswertung teilweise recht zeitaufwendig. Mit Hilfe der NineStarKi-Analyse können Sie zahlreiche Facetten Ihrer Persönlichkeit besser beurteilen:

- Potentiale und Schwächen einer »reifen« und erwachsenen Persönlichkeit
- die »kindliche« Persönlichkeit, die meist unter Streß zum Vorschein kommt
- Fähigkeiten und Möglichkeiten unter Streß

Eine weitere Möglichkeit bietet Ihnen die NineStarKi-Analyse für den Bereich des Zusammenlebens in Partnerschaft und Familie oder der Zusammenarbeit in einer Gruppe:

- Potentiale, Stärken und Schwächen eines Teams und der einzelnen Mitglieder
- Analyse von Gruppenprozessen
- Konfliktfelder und ggf. Maßnahmen zur Abhilfe

Mit dem Wissen um die eigenen Potentiale wird es Ihnen viel leichter fallen, Ihr persönliches Wachstum und Ihre Entwicklung selbst in die Hand zu nehmen und im Umgang mit anderen Menschen streßfreier zu reagieren. Sie werden sich in Zukunft sicherer und ausgeglichener fühlen und mehr Vertrauen in Ihre eigenen Fähigkeiten entwickeln. Sie können sich vielleicht lähmende Gewohnheiten bewußt machen und diese sogar ablegen oder auch erkennen, wenn Sie Ihre Vorstellungen auf andere projizieren.

Mit Hilfe der Inhalte der neun Zahlen, die für neun Persönlichkeitstypen stehen, bietet Ihnen die NineStarKi-Analyse ein hervorragendes und schnelles Werkzeug, Dinge, die in Ihrem Unterbewußtsein schlummern, hervorzuholen, um sie sich bewußt zu machen.

Nach C. G. Jung ist der Archetypus ein inneres Bild, ein Ausdruck der psychischen Gesamtsituation, ein urtümliches Bild, ein Engramm (im Zentralnervensystem hinterlassene Spur eines Reiz- oder Erlebniseindrucks, die dessen Reproduktion zu einem späteren Zeitpunkt möglich macht; Erinnerungsbild), das archaischen Charakter hat. Steht es im Zusammenhang mit mythologischen Motiven, drückt es das kollektiv-unbewußte Material im Menschen aus. Dieses urtümliche Bild ist durch die Verdichtung unzähliger, einander ähnlicher Vorgänge entstanden. Damit stellt es einen zusammenfassenden Ausdruck eines lebendigen Prozesses dar und ergibt einen ordnenden und verbindenden Sinn, der das Handeln in eine sinnentsprechende Bahn leiten kann. Unverwendbare und aufgestaute Energie wird aufgelöst und zur Vorstufe einer Idee. Die Idee im Jungschen Sinne ist wiederum die in die Vielfalt zerfallende Einheit, die Zusammenfassung mannigfaltiger Sinneseindrücke zu einer Vorstellungseinheit.[4]

Bewußter Wille kann nach Jung diese Einheit nicht erreichen, weil das Unbewußte nur die Symbolsprache, nicht die Bewußtseinsprache versteht. Dazu bedarf es eines »magisch« wirkenden Symbols, welches jenen primitiven Analogismus enthält, der mit dem Unterbewußtsein kommuniziert.

»Nur durch das Symbol kann das Unbewußte erreicht und ausgedrückt werden, deshalb wird die Individuation nie des Symbols entraten können. Das Symbol ist einerseits primitiver Ausdruck des Unbewußten, andererseits ist es Idee, die der Ahnung des Bewußtseins enspricht.«[5]

Diese Vielheit, also die Diskrepanz zwischen dem Unbewußten und dem Bewußten, ist heute größer denn je, was zu Konflikten im Menschen selbst und als Folge davon zu Auseinandersetzungen und Streitigkeiten mit anderen führen kann. Erweitern Sie Ihren Horizont und Ihr Wissen um Ihre Potentiale und deren Schattenseiten, können Sie Probleme, die Sie früher bedrückt haben und die Ihnen als unlösbar erschienen, aus einer neuen Perspektive betrachten und angehen.

Das ist so, wie wenn Sie auf einen hohen Berg steigen, um ein heftiges Gewitter unter sich im Tal zu betrachten. Wären Sie unten im Tal geblieben, wäre Ihnen der Gewittersturm als beängstigend und vielleicht sogar panikerregend erschienen. Genauso ist es mit den unbewußten Gefühlsregungen, die in Ihnen im Affekt (Zustand einer außergewöhnlichen seelischen Angespanntheit) aufsteigen können. Wenn Sie darum wissen, wird die Wirklichkeit zwar nicht verändert, aber Ihr Standort ist ein anderer. Der gefühlsmäßige Gewittersturm kann Sie jetzt nicht mehr so sehr erschüttern.

Die NineStarKi-Analyse macht die Struktur und den Rhythmus, dem die Natur folgt, deutlich. Der Mensch muß lernen, diesem Tanz zu folgen. Wenn Sie in Ihrem Leben »Fehler« machen, werden auf der anderen Seite des Universums kosmische Gesetze aktiviert, die zu einem sofortigen Ausgleich streben. Um das universelle Gleichgewicht zu erhalten, gibt es deshalb auf jede harmoniezerstörende Aktion eine Reaktion als Korrektiv.

»Im großen Schauspiel der Existenz sind wir sowohl Zuschauer als auch Akteure.«[6]

Greifen Sie diese Worte des großen Physikers Niels Bohr auf, und beginnen Sie Ihre Lebensrolle aktiv zu erweitern. Damit wird Ihr Leben nicht nur bunter, sondern auch interessanter und vielschichtiger.

Essenz der neun Kapitel

Im **Kapitel 1** wird Ihnen der Ursprung der NineStarKi-Analyse erklärt und deutlich gemacht, was man alles mit ihr berechnen und bewirken kann.

Kapitel 2 ist der Berechnung der Zahlen gewidmet, von denen die erste und die zweite – die Jahres- und die Monatszahl – die wichtigsten sind, weil Sie mit diesem Zahlenpaar schon viele Grundaussagen zu dem von Ihnen gesuchten Typ machen können.

Sie können natürlich auch sofort mit **Kapitel 3** beginnen, ohne die beiden vorigen Kapitel gelesen zu haben, um etwas über die neun **Grundtypen** in Erfahrung zu bringen. Dieses Kapitel werden Sie sich immer wieder vornehmen, wenn Sie anhand einer Jahreszahl nach bestimmten Verhaltensweisen suchen.

Kapitel 4 widmet sich ausführlich der Fünf-Elemente-Lehre. Hier finden Sie die verschiedenen Transformationszyklen, die an Hand vieler Beispiele praxisnah verdeutlicht werden. Dieses Kapitel sollten Sie nicht überspringen, weil Ihnen sonst die nachfolgenden Kapitel unverständlich erscheinen werden. Mit dem Wissen über die verschiedenen Phasen sind Ihnen Verhaltensweisen, die bei Ihnen oder anderen Menschen unvermutet auftreten, besser verständlich.

In **Kapitel 5** lernen Sie mit Hilfe vieler Beispiele, wie Sie die unterschiedlichen Zahlenkombinationen in einer Person, einer Familie oder einem Team interpretieren können. Gleichzeitig werden Ihnen Möglichkeiten aufgezeigt, wie Sie die Kommunikation mit dem Wissen um die Interaktion der Ki-Zahlen untereinander verbessern können. Der Bezug zum Feng Shui wird an dieser Stelle ebenfalls mit praktischen Beispielen deutlich gemacht.

Kapitel 6 befaßt sich mit der Richtungslehre, in der die menschliche Dimension mit der räumlichen und zeitlichen in Einklang gebracht wird. Sie erfahren hier, wann ein Ortswechsel, Umzug oder längerer Urlaub für Sie persönlich angebrachter ist als zu einem anderen Zeitpunkt. Wenn Sie diesen jedoch nicht ändern können, zeigt Ihnen die Richtungslehre, auf welche möglichen Probleme und Hindernisse Sie sich einstellen können.

Im **Kapitel 7** gehen wir auf einen zeitlichen Aspekt oder auch das »Haus« ein, in dem sich jeder Mensch zur Zeit seiner Geburt befindet. Dieses »Haus«

ist nicht identisch mit dem Haus, wie Sie es aus der westlichen Astrologie kennen. Mit der NineStarKi-Analyse kommen Sie übrigens zu ähnlichen Ergebnissen wie mit der abendländischen Astrologie – allerdings auf einem einfacheren und schnelleren Wege.

Einer Umsetzung der NineStarKi-Analyse im Privatleben und Beruf widmet sich **Kapitel 8**, in dem wieder mit vielen Beispielen aus der Praxis gearbeitet wird, um Ihnen die sichere Interpretation der Ki-Zahlen näherzubringen.

Im **Anhang** werden wir auf andere Formen menschlicher Typologien kurz eingehen und mögliche Berührungspunkte, aber auch unterschiedliche Auffassungen anführen. Außerdem stellen wir Ihnen kurz die Feng Shui-Achsentheorie und das Drei-Türen-Bagua vor, mit beiden Methoden lassen sich sehr gute Ergebnisse erzielen.

»Es ist nicht unsere Aufgabe, einander näherzukommen, so wenig wie Sonne und Mond zueinander kommen oder Meer und Land. Unser Ziel ist es, einander zu erkennen und einer im anderen das zu sehen und ehren zu lernen, was er ist: des anderen Gegenstück und Ergänzung.« (Hermann Hesse)

Zuguterletzt finden Sie ein Quellenverzeichnis und eine Literaturliste, welche für alle von Interesse sein wird, die an ein weiterführendes Selbststudium denken.

»Die menschliche Gewohnheit, nur eine Phase im Leben zu sehen, nämlich die, die gerade vor unseren Augen liegt – und sie zu einem vollkommen logischen System zu erheben, ist der Grund, warum unsere Philosophie sich mehr und mehr vom Leben entfremdet.«[7]

1. Kapitel

Was ist die NineStarKi-Analyse?

Die NineStarKi-Analyse können Sie als ein Handwerkszeug betrachten, mit dessen Hilfe sie lernen, sich selbst und Ihre Umwelt besser zu verstehen. Sie finden Potentiale, die Sie wie aus einem verborgenen Schatz ins Bewußtsein heben können. Ihre Entwicklung wird problemloser und für Sie verständlicher voranschreiten. Nichts anderes meinte auch C. G. Jung in den folgenden Worten zu einem Buch von Richard Wilhelm über Texte des Taoismus, der letztendlich einer der entscheidenden Ursprünge der NineStarKi-Analyse ist:

»Gelingt es aber, das Unbewußte als mitbedingende Größe neben dem Bewußtsein anzuerkennen und so zu leben, daß bewußte und unbewußte (resp. instinktive) Forderungen nach Möglichkeit berücksichtigt werden, so ist das Gravitationszentrum der Gesamtpersönlichkeit nicht mehr das Ich, welches bloßes Bewußtseinszentrum ist, sondern ein sozusagen virtueller Punkt zwischen Bewußtem und Unbewußtem, welchen man als das Selbst bezeichnen könnte.«[8]

In diesem Vorwort wird von Jung zudem auch Bezug zu seiner Typologie genommen, da er sich zeit seines Lebens mit der Typologie der Strukturen und Funktionen der menschlichen Psyche befaßte, um dem Menschen ein Instrument für seine Individuation an die Hand zu geben. Diese Typologie gehört zu den wichtigsten Büchern seines Gesamtwerkes. Auf den Grundlagen der Jungschen Typologie basiert der in den 40er Jahren entwickelte Meyers-Briggs-Type-Indicator (M.B.T.I.)[9]. Der M.B.T.I. ist heute die weltweit am häufigsten professionell im Geschäftsbereich und als Potentialanalyse angewandte Typologie. In den Ergebnissen des M.B.T.I. kommen teilweise verblüffende Parallelen zur NineStarKi-Analyse zum Vorschein. (Mehr über den M.B.T.I finden Sie im Anhang auf den Seiten 179 – 181)

Ursprung der NineStarKi-Analyse

Über den Ursprung der NineStarKi-Astrologie oder -Analyse, wie wir sie bezeichnen, gibt es unterschiedliche Thesen. Eines ist sicher: Das heute im Westen benutzte System hat seinen Ursprung in Japan – was man schon an der Schreibweise Ki statt Chi oder Qi erkennen kann. Gern wird dieses

Wissen auch von makrobiotischen Lehrern eingesetzt und gelehrt, wie zum Beispiel von Michio Kushi, der auch ein Buch darüber geschrieben hat (siehe Literaturverzeichnis). Wir selbst haben die NineStarKi-Astrologie Ende der 80er Jahre bei Roberto Marrochesi kennengelernt, der mit viel Humor in der Lage war, lediglich anhand der Konstitution eines Menschen relativ genau das zugehörige Element zu bestimmen.

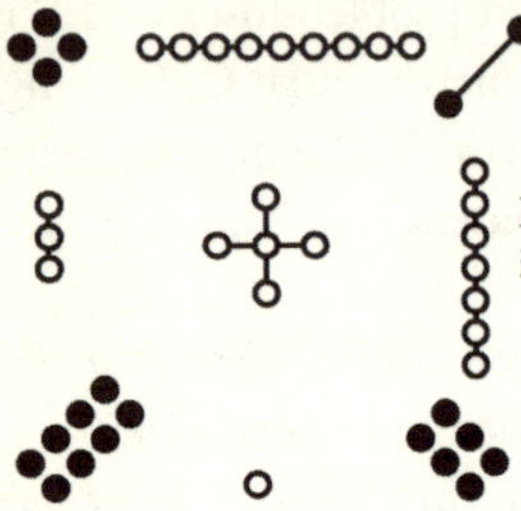

Lo Shu-Quadrat in alter Form

4	9	2
3	5	7
8	1	6

Lo Shu-Quadrat in neuerer Form

Von den bekannten NineStarKi-Lehrern im Westen – Takashi Yoshikawa, Jon Sandiver und Robert Sachs – wird der Ursprung einheitlich im chinesischen System der *Chiu Kung Ming Li* gesehen. Es ist die älteste Form der chinesischen Astrologie und basiert auf den neun Kammern des Lo Shu. Die »Bestimmung der neun Häuser« ist eine weitere Bezeichnung für dieses System.

Die neun Kammern wiederum wurden der Legende nach als Markierungen auf dem Rücken einer Schildkröte entdeckt. Diese Merkmale sollen als helle (Yang) und dunkle (Yin) Punkte in der Zusammenstellung des alten Lo Shu zu sehen gewesen sein. Erste Fragmente des Lo Shu, auch magisches Quadrat genannt, findet man in den Sun-Almanachen aus dem frühen 10. Jahrhundert. Dann taucht es verblüffenderweise in der jüdischen Geschichte wieder auf. In alter Zeit haben die Juden das Lo Shu gern dafür verwendet, ihren Gott darzustellen, weil ihre Religion ihnen verbot, sich ein Bild von ihm zu machen oder auch nur seinen Namen zu nennen. Die Konstante des Lo Shu, die Zahl »15«, wird im hebräischen Zahlensystem mit den ersten beiden Konsonanten von Jahwe geschrieben. Vielleicht wollte man in alten Zeiten damit deutlich machen, daß der logische Zusammenhang zwischen Zahlen und Konsonanten etwas Göttliches sei.

Auch im Islam erhielt dieses besondere magische Quadrat eine geistige Bedeutung. Sie können hier wie auch bei den Juden davon ausgehen, daß die Kenntnis darüber aus dem fernen Osten, also von den Chinesen, kam. Denn das verknotete Seil des vom Ursprung her chinesischen Lo Shu war auch ein alter Fluch bei den semitischen Völkern im nahen Osten. Die Kraft des magischen Quadrates galt als ein Beispiel für ein Wissen, das durch »vernünftiges« Denken nie erreicht werden könnte.[10]

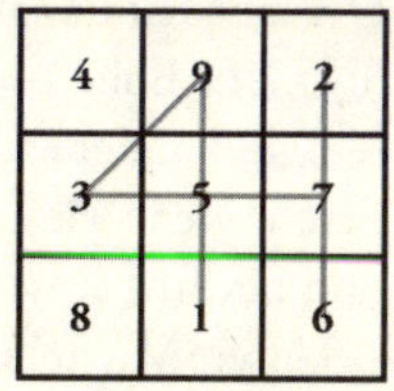

Auf den islamischen Gebrauch des Lo Shu weist wahrscheinlich auch ein merkwürdiges Geheimzeichen hin. Man findet dieses Symbol eingeritzt in den Mauern vieler Gebäude, die aus dem 12. Jahrhundert stammen. Es wurde von den Freimaurern benutzt und sieht aus wie eine stilisierte »41«. Es sind alle Kästchen bedeckt, bis auf die Acht. Heute ist leider nicht mehr bekannt, welche Bedeutung die Acht in der Zahlensymbolik der Freimaurer hatte.[11]

Unserer Meinung nach ist es nicht unwahrscheinlich, daß sie damit die Unendlichkeit ihrer Idee verkörpern wollten, symbolisiert durch eine liegende Acht. Diese Zahl ist der Wortstamm vieler Begriffe in der deutschen Sprache, wie zum Beispiel »in Acht nehmen«, »Achtung«, »Acht geben«, »verachten«, »achtlos« oder »beachtenswert«.

Weitere Ursprünge für die NineStarKi-Analyse sind die Fünf-Elemente-Lehre, das uralte chinesische Konzept von Yin und Yang und natürlich auch das I Ging, das fast 5.000 Jahre alt ist und somit älter als unsere Bibel oder das Tao te king von Laotse.

Feng Shui – genauer gesagt das »Drei Türen Feng Shui« – weist viele Gemeinsamkeiten mit der NineStarKi-Analyse auf. Während sich Feng Shui eher mit dem Raum befaßt, bezieht sich die NineStarKi-Analyse auf die Zeit und den Menschen selbst. Die Richtungslehre, auf die wir später genauer eingehen werden, nimmt Bezug auf eine weitere räumliche Dimension.

NineStarKi und die Entwicklung von Potentialen

Wir werden immer wieder gefragt, ob Fähigkeiten angeboren sind oder ob man diese auch fördern und entwickeln kann. Das ist wirklich eine gute Frage – insbesondere dann, wenn man wie wir auch im Bereich Personalberatung tätig ist. Wir sind der Meinung, daß Fähigkeiten und Potentiale entwickelt und gefördert werden können. Zunächst einmal muß jedoch festgestellt werden, welche Potentiale überhaupt vorhanden sind. Dafür bietet die NineStarKi-Analyse ein gutes Handwerkszeug, wie auch zur Förderung des Selbstbewußtseins.

Sicherlich hat jeder Mensch ganz besondere Fähigkeiten und Talente. Der eine hat das absolute Gehör, ein anderer verfügt schon im Kindesalter über eine hohe Intelligenz. Ein junger Mann galt schon immer als Anführer. Und andere sind die geborenen Helfer. Und alle können davon profitieren, wenn sie um ihre Fähigkeiten wissen, diese trainieren, verfeinern und bewußt einsetzen.

Unsere Vorstellung von »Entwicklung« respektiert die individuellen Unterschiede der einzelnen Menschen. Insbesondere dann, wenn diese Menschen bemüht sind, ihre eigenen Potentiale auszuloten, um sie gezielt einsetzen zu können. Wenn Sie sich über Ihre eigenen Fähigkeiten und die Möglichkeiten einer weiteren Entwicklung im klaren sind, bleiben Sie auch bei sich und geraten nicht in Versuchung, Ihre unausgesprochenen Bedürfnisse auf andere Menschen zu projizieren. Selbstbewußtsein will Ihnen die NineStarKi-Analyse vermitteln, im Sinne von sich seiner »selbst bewußt sein«.

Die NineStarKi-Analyse hilft Ihnen, das zu finden, was für Sie im Leben von besonderer Bedeutung sein könnte. Um diese Entwicklung zu fördern, sollten Sie sich nicht nur der Potentiale Ihres Geistes, sondern auch der Ihrer Seele und Ihres Körpers bewußt sein. In gleichem Maße, in dem Sie sich weiterentwickeln, können Sie durch Ihr Beispiel auch anderen Menschen im Privatleben und im Beruf auf den Weg zu sich selbst verhelfen. Diese Entwicklung erfordert jedoch die Konzentration auf den eigenen Charakter und die Fähigkeit, flexibel auf immer neue Umstände reagieren zu können.

Schauen Sie sich die Liste der Fähigkeiten, die Ihrem Element zugeordnet sind, genau an. Setzen Sie sich auch mit den weniger schönen Attributen auseinander. Denn auch diese gehören zum Gesamtbild einer kompletten und selbstbewußten Persönlichkeit. Eine solche weiß um ihre Schwächen und steht dazu, genau wie zu ihren Fähigkeiten. Erst im bewußten Umgang mit beiden Seiten liegt die Chance einer Weiterentwicklung zu einer vollständigen Person.

»Das beste, was man hoffen kann zu vollbringen, ist, den anderen an das zu erinnern, was er bereits weiß.« (PLATO)

2. Kapitel

Berechnung der vier Zahlen

Allgemeines

Die NineStarKi-Analyse in Verbindung mit der Theorie der Fünf Elemente bzw. Transformationsphasen ist in allen Bereichen der Selbstanalyse ein unterstützendes Werkzeug. Feng Shui allein, ohne die Berücksichtigung des menschlichen Aspekts, kann nicht mehr sein als ein bloßes Verrücken von Möbeln oder einfach nur schönes Design.

Die Dynamik Ihrer privaten und geschäftlichen Beziehungen muß berücksichtigt werden, wollen Sie die fundamentalen Wechselbeziehungen zwischen sich und Ihrer Umwelt verstehen. Dabei gibt es weder nur »gute« noch nur »schlechte« Beziehungen. Sie sollten aber nachvollziehen können, wie die Elemente oder Transformationsphasen einander beeinflussen. Denn dann können Sie die harmonischen Wechselwirkungen oder die einander blockierenden Strömungen erkennen und mittels Kommunikation und gegenseitiger Toleranz, aber auch mit Feng Shui-Hilfsmitteln abschwächen oder sogar völlig beseitigen.

Mit der NineStarKi-Analyse besitzen Sie ein aussagekräftiges Werkzeug, um mehr über Ihre individuellen Fähigkeiten, aber auch über Ihre Schwächen zu erfahren (Stärken/Schwächen-Analyse). Und nur Sie selbst entscheiden, wie Sie dieses Instrument einsetzen. Wir möchten Ihnen raten, zunächst Ihre ermittelten Stärken zu fördern. Das ist zu Beginn einfacher und schneller zu bewerkstelligen, als sofort an die Beseitigung der Schwächen zu gehen.

Erst in einem zweiten Schritt ist es empfehlenswert, sich Ihre Schattenseiten ins Bewußtsein zu rufen, um zu hinterfragen, inwieweit diese (noch) Einfluß auf Ihr Leben haben. In der Interaktion in Partnerschaft, Familie und Beruf treten diese Schattenseiten häufiger hervor und sollten deshalb nicht vernachläßigt werden.

Auf den folgenden Seiten zeigen wir, wie Sie Ihre Ki-Zahlen einfach berechnen können – die Jahreszahl, die Monatszahl, die Tendenzzahl und das Haus, die in dieser Reihenfolge auch in den folgenden Zahlenfeldern erscheinen: **Jahr** **Monat** **Tendenz** **Haus**

Die Berechnung der 1. oder Jahreszahl

Die erste Zahl und die damit verbundene Tranformationsphase gibt Auskunft über Ihr optimales Potential. Zunächst zeigen sich in der Entwicklung eines Menschen die Merkmale seiner Jahreszahl nicht so offensichtlich, später jedoch immer deutlicher. Die Merkmale Ihrer Jahreszahl äußern sich in Ihren Eigenschaften, Ihrem Auftreten und Ihrem Verhalten. Das gilt insbesondere für die »lichten« Seiten, mit denen sich jeder Mensch gerne identifiziert. Doch weil es im Leben auch die andere Seite gibt, die mit Konflikten in der Persönlichkeit und mit Widersprüchen einhergeht, sollten Sie auch Ihre »Schattenseite« gründlich betrachten.

Die erste Zahl oder Jahreszahl zu berechnen ist ganz einfach. Sie sollten sich jedoch klar darüber sein, daß das Jahr nicht mit dem 1. Januar, sondern mit dem 4. Februar – dem chinesischen Neujahrsfest – beginnt. Das bedeutet für Sie, daß, wenn Sie vor dem 4. Februar geboren sind, Ihr Geburtsjahr das Vorjahr ist. Dazu ein paar einfache Beispiele:

14. Januar 1944	= Geburt vor dem 4. Februar	= Geburtsjahr 1943
12. Februar 1950	= Geburt nach dem 4. Februar	= Geburtsjahr 1950
28. Januar 1954	= Geburt vor dem 4. Februar	= Geburtsjahr 1953
14. Oktober 1940	= Geburt nach dem 4. Februar	= Geburtsjahr 1940

Bis hierhin war das recht einfach, nicht wahr? Was aber, wenn der Geburtstag genau auf den 4. Februar fällt? Dazu müssen Sie folgendes wissen: Das chinesische Jahr beginnt immer am 4. oder 5. Februar. Zur Vereinfachung hat man deshalb bereits vor Hunderten von Jahren für unsere Berechnungen den 4. Februar festgelegt, weil dieser den 5. Februar mit einschließt. Wer um diese Zeit geboren ist, befindet sich in einem Grenzbereich zwischen zwei Geburtsjahren und tendiert entweder mehr zu der einen oder zu der anderen Jahreszahl. Um herauszufinden, welches Ihre persönliche Ki-Zahl ist, müssen Sie in diesem speziellen Fall die Potentiale und Fähigkeiten der beiden Zahlen (siehe Kapitel 3) in ihrer Interpretation vergleichen.

Dabei werden Sie feststellen, zu welcher Interpretation Sie sich mehr hingezogen fühlen und welche Aussagen eher auf Sie zutreffen. Was nichts anderes bedeutet, als daß die Energien dieses Jahres stärker in Ihnen vertreten sind. Diese Zahl benutzen Sie dann, um Ihre persönliche Zahlenkombination auszurechnen.

Entweder nehmen Sie das herausgefundene und das ggf. korrigierte Geburtsjahr und suchen sich aus der Tabelle auf der nächsten Seite die entsprechende Jahreszahl heraus, was die einfachste Methode darstellt.

Oder falls Sie einmal keine Tabelle zur Hand haben, zählen Sie alle vier Zahlen Ihres Geburtsjahres zusammen. Die beiden erhaltenen Ziffern zählen Sie wieder zusammen und erhalten dann eine Zahl bis einschließlich »10«. Wenn Sie diese von »11« abziehen, haben Sie Ihre Jahreszahl. Die folgenden Beispiele werden Ihnen das verdeutlichen.

14. Januar 1944 = Geburt vor
dem 4. Februar = Geburtsjahr 1943
1 + 9 + 4 + 3 = 17 = 1 + 7 = 8
11 – 8 = 3; Geburtsjahr 1943 = Holz 3

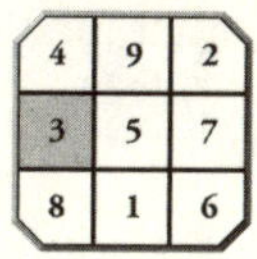

12. Februar 1950 = Geburt nach
dem 4. Februar = Geburtsjahr 1950
1 + 9 + 5 + 0 = 15 = 1 + 5 = 6
11 – 6 = 5; Geburtsjahr 1950 = Erde 5

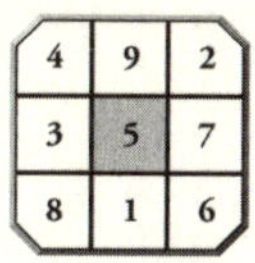

28. Januar 1954 = Geburt vor
dem 4. Februar = Geburtsjahr 1953
1 + 9 + 5 + 3 = 18 = 1 + 8 = 9
11 – 9 = 2; Geburtsjahr 1953 = Erde 2

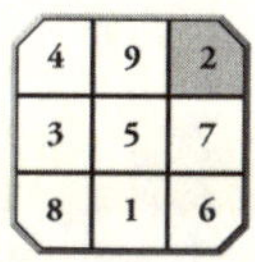

14. Oktober 1940 = Geburt nach
dem 4. Februar = Geburtsjahr 1940
1 + 9 + 4 + 0 = 14 = 1 + 4 = 5
11 – 5 = 6; Geburtsjahr 1940 = Metall 6

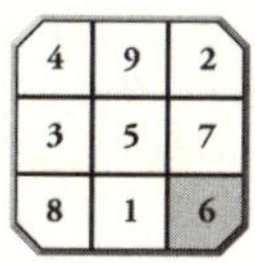

Wenn Sie jetzt wissen wollen, was sich hinter diesen Elementen und Zahlen verbirgt, schauen Sie im dritten Kapitel unter der entsprechenden Zahl nach und lesen die dazugehörigen Attribute.

Tabelle zur Ermittlung der Jahreszahl

Jahr	Ki-Zahl	Jahr	Ki-Zahl	Jahr	Ki-Zahl
1900	1	1940	6	1980	2
1901	9	1941	5	1981	1
1902	8	1942	4	1982	9
1903	7	1943	3	1983	8
1904	6	1944	2	1984	7
1905	5	1945	1	1985	6
1906	4	1946	9	1986	5
1907	3	1947	8	1987	4
1908	2	1948	7	1988	3
1909	1	1949	6	1989	2
1910	9	1950	5	1990	1
1911	8	1951	4	1991	9
1912	7	1952	3	1992	8
1913	6	1953	2	1993	7
1914	5	1954	1	1994	6
1915	4	1955	9	1995	5
1916	3	1956	8	1996	4
1917	2	1957	7	1997	3
1918	1	1958	6	1998	2
1919	9	1959	5	1999	1
1920	8	1960	4	2000	9
1921	7	1961	3	2001	8
1922	6	1962	2	2002	7
1923	5	1963	1	2003	6
1924	4	1964	9	2004	5
1925	3	1965	8	2005	4
1926	2	1966	7	2006	3
1927	1	1967	6	2007	2
1928	9	1968	5	2008	1
1929	8	1969	4	2009	9
1930	7	1970	3	2010	8
1931	6	1971	2	2011	7
1932	5	1972	1	2012	6
1933	4	1973	9	2013	5
1934	3	1974	8	2014	4
1935	2	1975	7	2015	3
1936	1	1976	6	2016	2
1937	9	1977	5	2017	1
1938	8	1978	4	2018	9
1939	7	1979	3	2019	8

Berechnung der 2. oder Monatszahl

Die Zahl, die sich aus dem Geburtsmonat ergibt, besitzt ein ähnlich bedeutsames Potential wie die Jahreszahl. Machen Sie sich jedoch bewußt, daß Sie in jüngeren Jahren verstärkt Einflüssen von außen unterliegen, wie zum Beispiel durch Erziehung, Zeitumstände, Umfeld oder Freundeskreis, und daß die Bedeutung der Monatszahl mehr von den Ereignissen in Ihrer Umgebung und von der jeweiligen Zeit, in der Sie sich befinden, abhängig ist. Sie haben in den ersten ca. 18 Jahren keine oder nur sehr wenig Einfluß auf die Geschehnisse um sich herum. Doch in späteren Jahren werden diese Begebenheiten aus der Kindheit und Jugendzeit Ihr Verhalten und Ihre Reaktionen auf andere Menschen und die Ereignisse Ihres Lebens bestimmen.

Menschen, die zum Beispiel in Kriegs- oder Hungerjahren aufgewachsen sind, werden immer stark von dieser Zeit geprägt bleiben. Wer im Bombenhagel groß geworden ist, Flucht und Vertreibung miterleben mußte, wird Erlebnisse und Prägungen mit sich tragen, die unter Druck oder Streß immer wieder zum Vorschein kommen können. Doch wenn jemand in einer geschützten Position auf einem Bauernhof ohne Hunger, Not und grausame Kriegserlebnisse aufwuchs, wird die Prägung nicht so signifikant sein. Die Entwicklung wird einfacher und ohne allzu große Probleme vonstatten gehen.

Für die Berechnung der zweiten oder Monatszahl gibt es leider keine einfache Methode. Sie müssen schon auf die nachfolgende Tabelle zurückgreifen.

Es sind verschiedene Tabellen mit unterschiedlichen Anfangs- und Endzeiten der Monate im Umlauf. Die uns vorliegenden Tabellen von Michio Kushi, Bob Sachs und Roland Rottenfußer sind identisch. Die Tabelle von Sandifer differiert lediglich bezüglich des unterschiedlichen Datums im April (Beginn 06.04. statt 05.04.). Takashi Yoshikawa bestimmt den Monatsanfang ensprechend des chinesischen Kalenders, der jedes Jahr um genau einen Tag variiert.

Wenn ein Geburtstag nahe an einer Monatsgrenze liegt, sollten Sie sich in jedem Fall beide Möglichkeiten anschauen, um dann erst festzulegen, welches die entsprechende zweite oder Monatszahl ist. Die Berechnung der Monatszahl soll Ihnen anhand einiger Beispiele deutlich gemacht werden. Wir verwenden dabei die gleichen Geburtsdaten wie zur Berechnung der Jahreszahl.

Tabelle zur Ermittlung der Monatszahl

↓	Monat	Jahreszahl (Wandlungs-Phase) 1, 4, 7	2, 5, 8	3, 6, 9
1	04.02.–05.03.	8	2	5
2	06.03.–04.04.	7	1	4
3	05.04.–05.05.	6	9	3
4	06.05.–05.06.	5	8	2
5	06.06.–07.07.	4	7	1
6	08.07.–07.08.	3	6	9
7	08.08.–07.09.	2	5	8
8	08.09.–08.10.	1	4	7
9	09.10.–07.11.	9	3	6
10	08.11.–07.12.	8	2	5
11	08.12.–05.01.	7	1	4
12	06.01.–03.02.	6	9	3

1. Beispiel:

14. Januar 1944
= Geburt vor dem 4. Februar
= Geburtsjahr 1943 = Holz 3

Ausgehend von dieser Information suchen Sie in der Tabelle entlang des abwärts zeigenden Pfeils nach dem passenden Monat. Das ist in diesem Fall die 12. Zeile. Von dort aus gehen Sie nach rechts in das Feld, welches die Zahl für »Holz 3« enthält.

Für die Jahreszahlen gibt es drei Spalten: Spalte 1 für 1, 4 und 7, Spalte 2 für 2, 5 und 8 und Spalte 3 für 3, 6 und 9. In dieser letzten Spalte finden Sie eine »3«. Die ersten beiden Zahlen für das o. a. Geburtsdatum sind

3	3		

2. Beispiel:

12. Februar 1950
= Geburt nach dem 4. Februar
= Geburtsjahr 1950
= Erde 5

Sie finden die dazugehörige Monatszahl in der 1. Zeile und in der 2. Spalte als eine »2«. Die ersten beiden Zahlen für das o.a. Geburtsdatum lauten also

5	2		

3. Beispiel:

28. Januar 1954
= Geburt vor dem 4. Februar
= Geburtsjahr 1953
= Erde 2

Sie finden die dazugehörige Monatszahl in der 12. Zeile und in der 2. Spalte, also eine »9«. Die ersten beiden Zahlen für das o.a. Geburtsdatum sind [2] [9] [ ] [ ].

4. Beispiel:

14. Oktober 1940
= Geburt nach dem 4. Februar
= Geburtsjahr 1940
= Metall 6

Sie finden die dazugehörige Monatszahl in der 9. Zeile und in der 3. Spalte, als eine »6«. Die ersten beiden Zahlen für das o.a. Geburtsdatum sind gleich, also [6] [6] [ ] [ ]. In diesem besonderen Fall können Sie sofort blitzschnell auf die beiden letzten Zahlen schließen. Wenn die Jahres- und die Monatszahl gleich sind, können die letzten beiden Zahlen – Tendenzzahl und Haus – nur eine »5« sein.

5. Beispiel:

19. Dezember 1963
= Geburt nach dem 4. Februar
= Geburtsjahr 1963
= Wasser 1

Sie finden die dazugehörige Monatszahl in der 11. Zeile und in der 1. Spalte als eine »7«. Die ersten beiden Zahlen für das o.a. Geburtsdatum lauten also [1] [7] [ ] [ ].

Mit diesen beiden Zahlen können Sie schon wesentliche Aussagen über eine Person treffen:

- Jahreselement mit optimalem Potential, Stärken und Schwächen
- Monatselement mit kindlichem Verhalten unter Streß und unterstützenden Potentialen
- Verhältnis Jahres- zu Monatszahl entsprechend der Fünf-Elemente-Lehre

In Bezug auf die Interaktion mit anderen Menschen können Sie Hinweise erhalten, wie sich eine Person verhalten wird. Auch hier ist das Wissen um die Fünf Elemente oder Transformationsphasen besonders nützlich; wir werden diese im vierten Kapitel ausführlich darstellen.

Der nachfolgenden Tabelle können Sie entnehmen, wie sich der Monatscharakter unter Streß äußern kann und welches positive Potential dem entgegensteht. Mehr darüber finden Sie im dritten Kapitel, in dem die einzelnen Elemente ausführlich dargestellt sind.

Monatszahl	**Verhalten unter Stress**	**positives Verhalten**
9	ängstlich und sich abhängig fühlen	klares Denken und brilliantes Auftreten
8	egoistisches und stures Verhalten	weitsichtiges und soziales Handeln
7	oberflächlich und geschwätzig	tiefe Gefühle in aufrichtiger Freude
6	machtbesessen und zerstörerisch	inspirierende und vertrauenswürdige Führung
5	extrem träge und richtungslos	einfühlsam und überdurchschnittlich motiviert
4	opportunistisch und ausweichend	richtungsweisend und glaubwürdig
3	chaotisch und ziellos	kreativ und begeisternd
2	verwahrlost und unselbständig	fürsorglich und hilfsbereit
1	rechthaberisch und mißtrauisch	weise und empfindsam

Berechnung der 3. (Tendenzzahl) und 4. Zahl (Haus)

Die Berechnung der dritten Zahl (Tendenzzahl) und vierten Zahl (Haus) werden wir Ihnen auch anhand vieler Beispiele erklären. Die 3. Zahl (Tendenzzahl) steht für Ihr Auftreten nach außen, was möglicherweise Ihrem innersten Wesen nicht immer entsprechen mag. Vor allen Dingen kommt dies zum Tragen, wenn diese Zahl im Widerspruch zu den ersten beiden Zahlen steht. Es ist der Blick von außen, wie man Sie anhand Ihres Auftretens, Ihrer äußerlichen Gewohnheiten und Ihrer Aktivitäten sieht und beurteilt. Wenn jemand Sie nur ganz kurz kennt, wird er sie so beurteilen, wie Ihre Tendenzzahl vermuten läßt.

Die 4. Zahl (Haus – jedoch nicht zu verwechseln mit dem Haus in der westlichen Astrologie) steht in Beziehung zur 2. Zahl (Monatszahl) und gibt Auskunft über bestimmte Verhaltensweisen, die im Menschen unbewußt manifestiert sein können.

Für die Berechnung der dritten und vierten Zahl gibt es verschiedene Methoden. Sie müssen sich jedoch das Ausgangs-Bagua oder Lo Shu-Quadrat mit der Zahl »5« in der Mitte bewußt machen. Am besten zeichnen Sie sich das Lo Shu-Quadrat mit ein paar Strichen auf ein Blatt Papier. Wenn Sie dies einige Male gemacht haben, werden Sie die Zahlenfolge im Kopf haben und können dann auf die zeichnerische Darstellung verzichten.

Sie können sich auch die nachfolgende Bagua-Reihenfolge kopieren und brauchen dann nur die entsprechende Zahlenfolge zu suchen. Es ist jedoch sinnvoll, es immer wieder selbst aufzuzeichnen, weil Sie sich so den Fluß der Zahlen durch das Quadrat bewußt machen, bis er Ihnen in Fleisch und Blut übergegangen ist. Diesen Chi-Fluß in Form des »Siegel des Saturn« finden Sie in vielen Feng Shui-Schulen wieder, vor allem jedoch beim Flying Star-Feng Shui, bei der Bestimmung der dritten (Tendenz-)Zahl und vierten Zahl (Haus) und in der Richtungslehre der NineStarKi-Analyse.

Zunächst zeichnen Sie sich ein leeres Lo Shu-Quadrat mit neun Feldern auf ein Blatt Papier. Dann tragen Sie die Monatszahl, die Sie errechnet haben, in die Mitte des noch leeren Quadrates ein. Wir gehen z. B. von der Monatszahl »1« aus. Nun nehmen Sie sich das Lo Shu-Quadrat mit der »5« in der Mitte zur Hilfe. Dort, wo sich die »5« befindet, tragen Sie die »1« ein. Wo sich die »6« im Lo Shu-Quadrat befindet, tragen Sie die »2« ein, an der Stelle der »7« die »3« und an der Stelle der »8« die »4«. Auf Platz »9« zeichnen Sie eine »5« ein und schließlich bei der »1« eine »6«. Analog dazu können Sie auch mit allen anderen Zahlen verfahren. Diese Reihenfolge entspricht dem Chi-Fluß wie unten und dem »Siegel des Saturn«.

Lo Shu-Quadrat

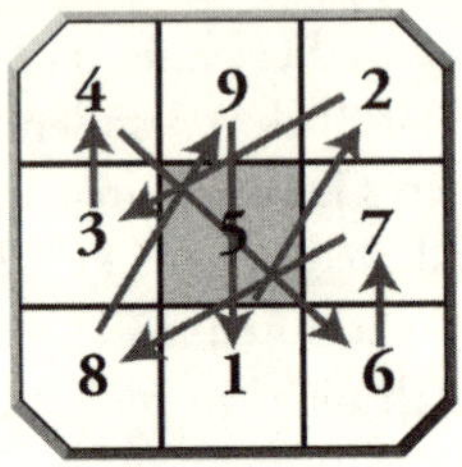

Bagua-Tabelle von 1 bis 9

9	5	7
8	1	3
4	6	2

1	6	8
9	2	4
5	7	3

2	7	9
1	3	5
6	8	4

3	8	1
2	4	6
7	9	5

4	9	2
3	5	7
8	1	6

5	1	3
4	6	8
9	2	7

6	2	4
5	7	9
1	3	8

7	3	5
6	8	1
2	4	9

8	4	6
7	9	2
3	5	1

Beispiel 1 für den 30.07.1944 = 2 – 6
Entweder Sie zeichnen analog zum obigen Beispiel ein Bagua mit der »6« in der Mitte, oder Sie nehmen sich aus der Bagua-Tabelle das 6er-Quadrat zu Hilfe. Jetzt suchen Sie sich den Platz der Jahreszahl »2«. In diesem Fall finden Sie die »2« direkt unterhalb der Mitte. Dann nehmen Sie sich, wie unten im Bild dargestellt, das Lo Shu-Quadrat mit der »5« in der Mitte als darunterliegendes Raster und können nun erkennen, welches die 3. oder Tendenzzahl ist.

In dieser Zahlenkombination ist es die »1«: 2 – 6 – 1 – ?. Die vierte Zahl oder das Haus befindet sich immer genau gegenüber der Tendenzzahl im Lo Shu-Quadrat. Gegenüber der »1« im Lo Shu ist immer die »9«, also lautet die gesamte Zahlenfolge 2 6 1 9.

Nun werden wir anhand weiterer Beispiele die gesamte Zahlenfolge berechnen.

Beispiel 2 für den 15.09.1952 = 3 – 7
Sie zeichnen ein Bagua mit der »7« in der Mitte oder nehmen sich aus der Bagua-Tabelle das 7er-Quadrat zu Hilfe. Jetzt suchen Sie den Platz der Jahreszahl »3«. In diesem Fall finden Sie die »3« unterhalb der Mitte. Dann nehmen Sie sich, wie unten im Bild dargestellt, das Lo Shu-Quadrat mit der »5« in der Mitte als darunterliegendes Raster und können nun erkennen, welches die 3. oder Tendenzzahl ist.

Es ist in diesem Fall die »1«, die in der jetzigen Zahlenkombination die dritte Zahl ist: 3 – 7 – 1 – ?. Die vierte Zahl oder das Haus befindet sich immer genau gegenüber der Tendenzzahl im Lo Shu-Quadrat. Gegenüber der »1« im Lo Shu ist immer die »9«, also lautet die gesamte Zahlenfolge 3 7 1 9.

Beispiel 3 für den 29.03.1968 = 5 – 1
Sie zeichnen ein Bagua mit der »1« in der Mitte oder nehmen sich aus der Bagua-Tabelle das 1er-Quadrat zu Hilfe. Jetzt suchen Sie den Platz der Jahreszahl »5«. In diesem Fall finden Sie die »5« oberhalb der Mitte. Dann nehmen Sie sich, wie unten im Bild dargestellt, das Lo Shu-Quadrat mit der »5« in der Mitte als darunterliegendes Raster und können nun erkennen, welches die 3. oder Tendenzzahl ist.

Es ist in diesem Fall die »9«, die in der jetzigen Zahlenkombination die dritte Zahl ist: 5 – 1 – 9 – ?. Die vierte Zahl oder das Haus befindet sich immer genau gegenüber der Tendenzzahl im Lo Shu-Quadrat. Gegenüber der »9« im Lo Shu ist immer die »1«, also lautet die gesamte Zahlenfolge 5 1 9 1.

Beispiel 4 für den 20.04.1922 = 6 – 3
Sie zeichnen ein Bagua mit der »3« in der Mitte oder nehmen sich aus der Bagua-Tabelle das 3er-Quadrat zu Hilfe. Jetzt suchen Sie den Platz der Jahreszahl »6«. In diesem Fall finden Sie die »6« links unten. Dann nehmen Sie sich, wie unten im Bild dargestellt, das Lo Shu-Quadrat mit der »5« in der Mitte als darunterliegendes Raster und können nun erkennen, welches die 3. oder Tendenzzahl ist.

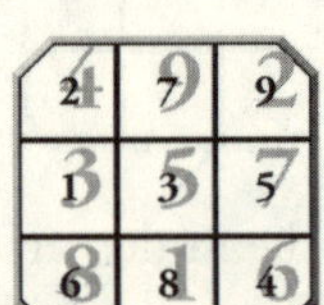

Es ist in diesem Fall die »8«, die in der jetzigen Zahlenkombination die dritte Zahl ist: 6 – 3 – 8 – ?. Die vierte Zahl oder das Haus befindet sich immer genau gegenüber der Tendenzzahl im Lo Shu-Quadrat. Gegenüber der »8« im Lo Shu ist immer die »2«, also lautet die gesamte Zahlenfolge 6 3 8 2.

Beispiel 5 für den 03.08.1966 = 7 – 3
Sie zeichnen ein Bagua mit der »3« in der Mitte oder nehmen sich aus der Bagua-Tabelle das 3er-Quadrat zu Hilfe. Jetzt suchen Sie den Platz der Jahreszahl »7«. In diesem Fall finden Sie die »7« in der Mitte oben. Dann nehmen Sie sich, wie unten im Bild dargestellt, das Lo Shu-Quadrat mit der »5« in der Mitte als darunterliegendes Raster und können nun erkennen, welches die 3. oder Tendenzzahl ist.

Es ist in diesem Fall die »9«, die in der jetzigen Zahlenkombination die dritte Zahl ist: 7 – 3 – 9 – ?. Die vierte Zahl oder das Haus befindet sich immer genau gegenüber der Tendenzzahl im Lo Shu-Quadrat. Gegenüber der »9« im Lo Shu ist immer die »1«, also lautet die gesamte Zahlenfolge 7 3 9 1.

»Für ein zufriedenes Leben braucht man neun Dinge: genügend GESUNDHEIT, daß die Arbeit Freude macht; genügend WOHLSTAND, um seine Bedürfnisse zu befriedigen; genügend KRAFT, um mit SCHWIERIGKEITEN zu kämpfen und um sie zu besiegen; genügend GNADE, um seine Sünden zu bekennen und zu überwinden: genügend GEDULD, um sich zu bemühen, bis etwas Gutes zustande kommt; genügend NÄCHSTENLIEBE, um in seinen Nachbarn etwas Gutes zu entdecken; genügend LIEBE, um sich zu entschließen, anderen zu helfen; genügend GLAUBE, um die wahren Werke Gottes zu tun; genügend HOFFNUNG, daß all die ängstlichen Zukunfsgedanken schwinden.

(Johann Wolfgang von Goethe)

3. Kapitel

Neun Sterne entsprechen neun Typen

Im dritten Kapitel werden Ihnen die Potentiale der neun Ki-Zahlen ausführlich erläutert. Mit Ihrem nun vorhandenen Hintergrundwissen aus den beiden letzten Kapiteln wird es einfacher für Sie sein, die Zusammenhänge zu verstehen. Denn was bedeutet es für Sie, wenn Sie unter dem Einfluß eines bestimmten Elementes oder einer Transformationsphase geboren wurden? Und vergessen Sie nicht, daß alle Menschen, die zwischen dem 1. Januar und 3. Februar eines Jahres geboren sind, ihren Berechnungen das Vorjahr zugrundelegen müssen.

Die Jahreszahl, die sich aus Ihrer Berechnung ergibt, benennt Ihr optimales Potential. Bei einem erwachsenen Menschen machen sich die Eigenschaften, Potentiale und Verhaltensweisen, die mit der Jahreszahl verbunden sind, deutlicher bemerkbar. Das gilt insbesondere für die Stärken. Werden diese »erwachsenen« Potentiale genutzt, wirken die Herausforderungen des Lebens, die Widersprüche in der eigenen Persönlichkeit und die Konflikte mit anderen Menschen nicht mehr so gravierend.

Das Geburtsjahr (erste oder Jahreszahl) steht nach Robert Sachs mit dem Thema Selbstverwirklichung in Zusammenhang, und manchmal machen sich seine Einflüsse nicht besonders bemerkbar. Es ist durchaus möglich, daß die prägenden Einflüsse aus Kindheit und Umwelt stärker sind als das Potential des Geburtsjahres.[12] Um solche Hindernisse zu überwinden, müssen Sie sich Ihre Fähigkeiten, aber auch Ihre Schwächen, die in der Jahreszahl begründet liegen, bewußt machen.

Weitere Hindernisse auf dem Weg sind Menschen, deren Einfluß Sie in irgendeiner Form unterliegen. Das können Eltern, Geschwister, Großeltern, Partner, Lehrherren, Arbeitgeber, Kollegen usw. sein. Auch diese Menschen sind unter einem bestimmten »Stern« geboren. Wenn sich zum Beispiel die Jahreszahl eines Elternteils nach der Fünf-Elemente-Lehre in einem kontrollierenden Verhältnis zu Ihrer Zahl befindet, ist Ihr Weg zur Selbständigkeit ungleich schwieriger, als wenn die Jahreszahl dieses Elternteils in einem nährenden Verhältnis zu Ihrer Jahreszahl steht. Mehr darüber erfahren Sie im vierten Kapitel.

Genauso hat jedes neue Jahr, das Sie erleben, bestimmte Einflüsse auf Sie. Es kann sie fördern, aber auch behindern. Es kann Sie in Ihrer Karriere bremsen oder sogar verletzen. Auch das ist abhängig davon, in welchem Verhältnis das aktuelle Jahr zu Ihrer Jahreszahl steht. Wie sich das auf Ihr Gesamtbefinden auswirken kann, erfahren Sie im fünften Kapitel dieses Buches, in dem wir auf die Auswirkungen der Fünf-Elemente-Lehre auf die verschiedensten Zahlenkombinationen eingehen.

Gebrauchsanweisung

Wir werden alle neun Typen in einem Gesamtbild vorstellen, dem folgt dann jeweils eine Auflistung mit 13 stichwortartigen Unterpunkten. Sie werden natürlich die dort benannten Attribute tendenziell auch im Gesamtbild wiederentdecken können. Damit soll kein Schubladendenken gefördert, sondern ein Anstoß gegeben werden, um »über den Tellerrand hinausblickend« seine eigenen Fähigkeiten und Möglichkeiten weiter auszubauen.

Menschen sind nun einmal verschieden. Sie unterscheiden sich in ihren Vorlieben, ihrem Auftreten, in ihren Formen der Kommunikation und in vielen weiteren Punkten. Menschen sind grundsätzlich einzigartig, aber trotzdem entdecken Sie sicherlich immer wieder gewisse Gemeinsamkeiten mit bestimmten Menschen, was sich wie ein »roter Faden« durch Ihr Leben zieht. Mit einigen Menschen vertragen Sie sich auf Anhieb, mit anderen ist eine Auseinandersetzung nahezu vorprogrammiert. Sie finden unter dem jeweiligen Typ Attribute und Hinweise nach dem folgendem Raster. Die Erläuterungen zu den Inhalten entnehmen Sie den nächsten Seiten.

- Struktur
- ursprüngliches Bild
- ursprüngliches Prinzip
- Feng Shui
- Assoziationen
- Potentiale ±
- Verhalten
- Verhalten unter Streß
- Thema des Lebens
- kommunikative Fähigkeiten
- besondere Fähigkeiten
- sprichwörtlich
- Ernährung

Wenn Sie jetzt zum Beispiel bei Ihrem Typ unter »Potentiale ±« nachschauen oder unter »Verhalten unter Streß«, finden Sie möglicherweise eine Auflistung von Attributen und Fähigkeiten, die nicht Ihrem Selbstverständnis entsprechen. Doch sicherlich bringt die eine oder andere Eigenschaft oder ein besonderes Merkmal in Ihnen etwas in Schwingung. Vielleicht finden Sie auch Fähigkeiten aufgelistet, die Sie nicht so gerne an sich leiden mögen oder umgekehrt gerne besäßen.

Am besten, Sie kopieren sich die Seiten, auf denen Ihr Typ beschrieben wird, und markieren alle »positiven« Attribute mit einem grünen und die, die Ihnen nicht so sehr gefallen, mit einem roten Marker. Wenn Sie sich so Ihr Selbst stärker bewußt machen, werden Sie feststellen können, daß die Bewertung »positiv« oder »negativ« eigentlich falsch ist. Das möchten wir Ihnen an folgendem Beispiel deutlich machen:

Das Merkmal »Sturheit« ist sicherlich auf den ersten Blick nicht sehr positiv besetzt, besonders wenn der Partner oder die Partnerin darunter zu leiden hat. Wenn Ihnen klar ist, daß Sie zu »Sturheit« neigen, können Sie gezielt damit umgehen, ja, diese Fähigkeit sogar situationsbezogen bewußt einsetzen. Positiv ausgedrückt könnte man das auch als »Durchsetzungsvermögen« bezeichnen. Jedes Potential hat zwei Seiten. Und nur Sie entscheiden darüber, wann und wie Sie es einsetzen.

Jeder Mensch besitzt gegensätzliche Eigenschaften, die es zu erkennen gilt. Wenn Sie sich Ihre inneren Widersprüchlichkeiten bewußt machen, werden Sie toleranter mit sich selbst und Ihrer Umgebung umgehen können. Das Leben wird damit leichter. Die Unfähigkeit, in bestimmten Situationen richtig zu reagieren, entspringt oft nur der Unwissenheit über das eigene Wesen. »Wie sage ich es meinem Kinde« führt nicht mehr zu unlösbaren kommunikativen Problemen. Insbesondere dann, wenn Sie sich zusätzlich die Bedeutung des richtigen Zeitpunkts bewußt machen, worauf wir in Kapitel fünf Bezug nehmen werden. Wenn Sie darauf achten, Dinge zu einem »günstigen« Zeitpunkt zu vermitteln, sind die Chancen weitaus größer, daß Sie richtig verstanden werden.

Trigramm
in grafischer
Darstellung

S t r u k t u r : Beschreibung der bildlichen Darstellung analog des I Ging und erste Interpretation der Trigrammstruktur anhand des Zeichens – Bezug zu menschlicher Wahrnehmung und zu Bewußtseinsebenen (Funktionen des Bewußtseins: Empfinden, Denken, Wollen und Fühlen und Bewußtseinsbereiche: Körper, Geist und Seele sowie das Gewahrsein) – Verbindung zwischen materieller und geistiger Idee

u r s p r ü n g l i c h e s B i l d : Beschreibung des ursprünglichen Trigrammbildes; zum Beispiel Feuer, Wasser, Erde u.ä. – freie Assoziationen zum Bild in bezug auf menschliches Verhalten und Handeln (Ausnahme Erde 5 ohne Trigramm) – der Mensch zwischen innerer und äußerer Welt

u r s p r ü n g l i c h e s P r i n z i p : Erläuterung analog der I Ging-Ausgabe von Richard Wilhelm (Ausnahme: Erde 5 ohne Trigramm) – Trigramm-Motiv aus der Welt des inneren Signal-Codes

F e n g S h u i : Beziehung im Lo Shu-Quadrat zwischen Mensch und Lebenswelt – klassische Interpretation des jeweiligen Guas im Bagua – Potentiale für das menschliche Wohlbefinden

A s s o z i a t i o n e n : freie Assoziationen zu Materialien, Farbe, Eigenschaften, Aussehen, Attributen – auch in bezug auf die Fünf-Elemente-Lehre

P o t e n t i a l e ±: Menschliche Attribute* und Potentiale ohne Bewertung, die mit diesem Stern in Verbindung gebracht werden können – Die aufgeführten Merkmale müssen nicht alle auf eine Person zutreffen – Es geht darum herauszufinden, ob die hier gefundenen passenden Potentiale anzahlmäßig mehr in der Jahreszahl oder in der Monatszahl auftreten – Das könnte dann auf einen Streßfaktor hindeuten

- V e r h a l t e n : Aufzählung von Verhaltensweisen, die das volle Potential eines erwachsenen Menschen ausmachen – Eine hohe Anzahl von vielen »Richtigen« ist kein Merkmal von hoher Qualität, denn auf die Inhalte kommt es an – strukturelle und spielerische Aspekte der persönlichen Wirklichkeit erkennen

- V e r h a l t e n u n t e r S t r e ß : Die hier aufgezählten Verhaltenweisen, Attribute und Potentiale weisen auf einen möglichen Streßfaktor hin, insbesondere, wenn sie gehäuft in der Monatszahl in Erscheinung treten – durchdenken und assoziativ erfassen, zur Veränderung entschließen

- T h e m a d e s L e b e n s : Die Auseinandersetzung mit seinem ureigensten Lebensthema, welches in der jeweiligen Zahlenkombination verborgen liegt, bietet eine gute Möglichkeit zu lernen, mit sich und seiner Umwelt besser zurechtzukommen

- K o m m u n i k a t i v e F ä h i g k e i t e n : Ergebnisse aus Beratungen – sich die eigenen Attribute bewußt machen und gezielt zur Förderung der Kommunikation einsetzen

- b e s o n d e r e F ä h i g k e i t e n : Ergebnisse aus eigenen Beratungserfahrungen in Verbindung mit dem Managementmodell nach Bellows/Post aus »The Complete Guide to Nine Star Ki« von Robert Sachs

- S p r i c h w ö r t l i c h : Deutsche Sprichwörter, die einen Bezug zu Farbe, Material oder Element entsprechend dem jeweiligen Trigramm oder der Fünf-Elemente-Lehre haben

- E r n ä h r u n g : Tips zur Ernährung entsprechend der Fünf-Elemente-Lehre und der chinesischen Diätetik (TCM)

* Ein Teil der Attribute, soweit sie in unser Raster paßten, wurde entsprechend der zugehörigen Trigramme aus René van Ostens »Die Pflaumenblüten-Numerologie«, Windpferd, Aitrang 1998, entnommen.

Wasser 1

Allgemeine Beschreibung

Mit dem Wasser beginnt und endet der Zyklus der Wandlungen. Es ist die Transformationsphase von der sichtbaren Welt in die unsichtbare. Informationen von außen werden in die Tiefe geführt, wo sie in Erkenntnisse umgewandelt werden können. Menschen, die unter diesem Zeichen geboren wurden, können reflektierende und philosophische Fähigkeiten haben. Da sie die Brücke zwischen sichtbarer und unsichtbarer Welt bilden, wirken sie nach außen rätselhaft und geheimnisvoll.

Wasser steht für Abgründigkeit und undurchschaubares Verhalten. Mit der Bewegung des Wassers können Schwierigkeiten, Mühsal und Hindernisse verbunden sein. Wasser-Menschen lieben Freiheit und Unabhängigkeit. Trotzdem fällt es ihnen nicht schwer, sich anzupassen, auch wenn sie ihre Gedanken nur ungern preisgeben.

Wasser hat eine zwiespältige Natur. Auf der einen Seite findet man den fröhlichen und hellen Gebirgsbach mit Wasserfall, auf der anderen den trüben und undurchsichtigen Fluß. Wasser-Menschen denken sehr tiefschürfend und halten andere für oberflächlicher als sich selbst. Im Dialog geben sie gern unklare Antworten, erwarten aber von ihrem Gegenüber, auch ohne große Worte verstanden zu werden. Deshalb wissen nur wenige ihrer Freunde, was wirklich in ihnen vorgeht.

Sie brauchen viel Zeit für sich, um für ihre Probleme eine Lösung zu finden. Werden sie dann bedrängt, ziehen sie sich zurück oder geben keine ehrliche Antwort. Läßt man ihnen Zeit für eine Antwort, ist diese gutdurchdacht, klar und wohlformuliert. Wasser-Menschen brauchen Struktur und schätzen Nähe und Unterstützung, die ihnen aber genügend eigenen Raum lassen muß.

Um mit sich und ihrer Umgebung ins Gleichgewicht zu kommen, sollten Wasser 1-Menschen sich selbst verstehen lernen, um gelassener zu reagieren und die eigene Meinung vorsichtiger zum Ausdruck zu bringen. Wenn sie Licht in ihr eigenes Leben bringen, besser zuhören lernen und ihren Humor (Humus = Feuchtigkeit = Fruchtbarkeit = Wasser) nicht vergessen, werden diese Menschen den Wandel in sich und in ihrer Umgebung besser zulassen und auch die Hindernisse, die das Leben mit sich bringt, akzeptieren können.

WASSER 1 – im Kreislauf der Fünf Elemente

Folgende menschliche Eigenschaften sind als ausgleichendes Element für WASSER 1 fördernd, fordernd, reduzierend oder mit Vorsicht zu betrachten.

Fördernd	METALL 6	echte Freundschaften – ohne Hintergedanken geben können – andere mit der eigenen Kreativität inspirieren – verläßlich sein und bleiben
	METALL 7	eigene Kreativität leben – mit der eigenen Meinung nach außen treten – soziale Kontakte suchen und pflegen
Fordernd	ERDE 2	Starrsinn und Sturheit vermeiden – Neidgefühle nicht zulassen – nicht den Weg des geringsten Widerstands gehen wollen – einfühlsam bleiben
	ERDE 5	seine Mitte finden – chaotische Verhältnisse bereinigen – Anpassungsfähigkeit lernen – seine eigene Richtung finden
	ERDE 8	Stabilität aufbauen – seine Aufmerksamkeit auch auf Details richten – zuhören lernen – Selbstvertrauen ohne Überheblichkeit entwickeln
	FEUER 9	sich nicht in zu große Abhängigkeit begeben – keinen übertriebenen Ehrgeiz hegen – Ironie und Sarkasmus vermeiden – nicht zu ängstlich sein
Reduzierend	HOLZ 3	ausgewogen und unvoreingenommen agieren – Verspieltheit zulassen – nicht aufdringlich werden – seine Kreativität leben
	HOLZ 4	nicht ausweichend, aber flexibel reagieren – klare Positionen beziehen – Aggressionen vermeiden – nicht zaudern, sondern Entscheidungen treffen
Vorsicht	METALL 6	mangelnde Selbständigkeit – eingefahrene Strukturen – Unzuverlässigkeit
	METALL 7	Oberflächlichkeit – Ruhelosigkeit – Small talk – Geschwätzigkeit

☵

▶ Struktur: KAN = das Wasser, das Abgründige, Instinktive und Geheimnisvolle. Eine starke befruchtende Yang-Linie dringt in zwei empfangende Yin-Linien, was das beginnende Leben und die Kraft der Seele symbolisiert – Ende und Neubeginn eines Zyklus

▶ primäres Bild: Der von zwei Yin-Linien eingeschlossene Yang-Strich symbolisiert die lichte Kraft der Seele auf die Materie – gleichzeitig wird auch das Abgründige deutlich – Wasser in tiefer Schlucht, das zwar heilsam und reinigend, aber gleichzeitig auch zerstörerisch sein kann

▶ ursprüngliches Prinzip: Im Wasser ist nicht nur das Dunkle, Abgründige vorhanden, sondern auch das helle, durchdringende Prinzip verborgen – wird durch den starken Yang-Strich, eingeklemmt zwischen zwei schwachen Yin-Strichen, symbolisiert

▶ Feng Shui: Weg des Lebens – Karriere – im Fluß sein – Berufsweg – Freiheit, das zu tun, was man gerne tun möchte – Bewegung ins Leben bringen

▶ Assoziationen: das Fließende – Kreativität – Befruchtung – Beseelung – Inspiration – tiefe Schluchten – Abgründe – Gefahr – das Geheimnisvolle – Welt der Seele – Fruchtbarkeit – Schicksal – Gefahr – Probleme – Hindernisse – Orientierungslosigkeit – Trauer

▶ Potentiale ±: gefährlich – abgründig – fruchtbar – traurig – ziellos – geheimnisvoll – hinterlistig – mißtrauisch – unsicher – verwirrt – ängstlich – nicht hören wollen – kreativ – weise – nicht greifbar – veränderlich – schlau – vortäuschend – distanziert – verdrängend – hintergründig – unzugänglich – verschlossen –

aufsässig – unversöhnlich – kompromißlos – unbelehrbar – unnahbar – kühl – gesellig – schöpferisch – erfinderisch – phantasievoll – künstlerisch – selbständig – talentiert – begabt – tüchtig – besserwisserisch – rechthaberisch – abwesend – empfindsam – verschwommen – pfiffig – geschickt – raffiniert – gerissen – verschlagen – durchtrieben – gewandt – gesprächig

▶ Verhalten: talentiert – erfinderisch – beweglich – phantasievoll – empfindsam – selbständig – gesellig – geschickt – pfiffig – gewandt – gesprächig – schlau – kreativ – weise – schöpferisch – begabt – künstlerisch – phantasievoll – tüchtig – anpassungsfähig – abwechslungsreich – herausfordernd – gründlich – kompliziert – sensibel

▶ Verhalten unter Streß: rechthaberisch – nicht greifbar – verschwommen – verschlagen – abwesend – besserwisserisch – unversöhnlich – kompromißlos – abgründig – mißtrauisch – unsicher – hinterlistig – gefährlich – unzugänglich – unbelehrbar – distanziert – geringschätzig – eigenwillig – verächtlich – kritikfreudig

▶ Thema des Lebens: sich selber verstehen lernen – gelassener werden und Meinungen vorsichtiger zum Ausdruck bringen – zuhören lernen – Wandel in sich und in der Umwelt zulassen – offen sein, auch gegenüber den Hindernissen im eigenen Leben – feinfühliger werden in der Kommunikation mit anderen und Überreaktionen vermeiden – Humor nicht vergessen – klares Lebensziel finden

▶ kommunikative Fähigkeiten: abwechslungsreich – gesprächig – herausfordernd – kritikfreudig – tiefsinniger Denker – eigenwillig – anpassungsfähig – empfindsam – inniger Wunsch, alles zu verstehen – Zugang zu tiefen Einblicken – sanft – zurückhaltend

▶ besondere Fähigkeiten: erfinderisch – künstlerisch – phantasievoll – talentiert – beweglich – empfindsam – tüchtig – anpassungsfähig – pfiffig – gewandt – weise – geschickt – schlau – kreativ – schöpferisch begabt – gründlich

s p r i c h w ö r t l i c h :

Wasser: mit dem Strom schwimmen – stille Wasser gründen tief – bei Wasser und Brot einsitzen – übers große Wasser fahren – sich über Wasser halten – Wasser in den Ohren haben – das Wasser läuft einem im Munde zusammen – ein Schlag ins Wasser – mit allen Wassern gewaschen – das Wasser steht ihm bis zum Hals – ins Wasser gehen – ins Wasser fallen – es wird überall nur mit Wasser gekocht – einem nicht das Wasser reichen können – kein Wässerchen trüben können – ein stilles Wasser sein – Wasser auf die Mühle

Schwarz/dunkelblau: sich schwarz ärgern – schwarz vor Augen – blauen Dunst vormachen – blau sein

E r n ä h r u n g : Fortpflanzungsorgane, Blase, Niere und Knochen pfleglich behandeln, keine große Kälte in diesem Bereich – Bauch, mittleren und unteren Rücken warm halten – empfehlenswert sind Algen, Fisch, Meeresfrüchte, schwarze Bohnen

Erde 2

Allgemeine Beschreibung

Erde 2 ist das Symbol für die Urmutter und steht für Fürsorge und sanfte Empfänglichkeit. Menschen, die in dieser Transformationsphase geboren wurden, haben die besonderen Qualitäten der Hingabe und Hilfsbereitschaft.

Aber auch Selbstaufopferung (Helfer-Syndrom), »für andere dasein«, eine devote Haltung und Unselbständigkeit sind Merkmale dieses Zeichens.

Normalerweise sind diese Menschen sanft, geduldig, zurückhaltend und sehr hilfsbereit. Sie mögen nach außen hin oberflächlich erscheinen, sind aber in Wirklichkeit scharfe Beobachter, bekommen alles mit und mischen sich gerne ein. Sie kümmern sich ausgesprochen stark um andere, um nicht bei sich selbst zu bleiben. Sie sind sehr neugierig.

Sie können sich sehr gut in die Lage anderer hineinversetzen. Als ruhender Pol inmitten von Aktionen arbeiten sie audauernd und beharrlich. Sie sind keine Neuerer und halten sich besonders unter Druck und Streß konservativ an alte Erfahrungen. Gemeinnützige Arbeit, Dienstleistungstätigkeiten oder die Arbeit in einem Team sind für ihren beruflichen Werdegang ideal.

Unter Streß schlägt ihre Fürsorge in »Klammern« um. Dann werden Erde 2-Menschen besitzergreifend. Sie sind gute Mit- und Zuarbeiter, die regelmäßige Anerkennung brauchen und diese unausgesprochen auch erwarten. Ist dies nicht der Fall, schlagen positive Gefühle in eine destruktive Haltung um. So können sie rachsüchtig reagieren und tendieren zu Selbstzweifeln und Depressionen. Sie sind dann besonders empfindlich, wenn andere Lob und Wertschätzung gezeigt bekommen.

Befinden sie sich im Gleichgewicht und in ihrer Mitte, können diese Menschen offen und fürsorglich gegenüber sich selbst und anderen sein. Sie sollten auf ihre innere Stimme achten, Sturheit jedoch vermeiden. Nächstenliebe ist das vorrangige Thema für Erde 2-Menschen, doch sie sollten sich zunächst selbst am nächsten sein, bevor sie für andere da sein wollen.

ERDE 2 – im Kreislauf der Fünf Elemente

Folgende menschliche Eigenschaften sind als ausgleichendes Element für ERDE 2 fördernd, fordernd, reduzierend oder mit Vorsicht zu betrachten.

Fördernd	ERDE 5	Ratschläge annehmen – mehr in die Mitte kommen – eigene Probleme nicht beseite schieben wollen – nicht immer für andere da sein wollen
	ERDE 8	Hingabe an das höhere Selbst zulassen – Selbstbewußtsein entwickeln – Fürsorge für sich selbst nicht zu kurz kommen lassen
	FEUER 9	Klarheit suchen und finden – die eigene Beobachtungsgabe nutzen – die eigenen sozialen Fähigkeiten erkennen und bewußt einsetzen – Licht in das eigenen Leben bringen
Fordernd	HOLZ 3	die eigene Inspiration nicht unterdrücken – entschlossen handeln – Konfrontationen nicht ausweichen – offen sein für neue geistige Zusammenhänge
	HOLZ 4	neuen Situationen flexibel begegnen – feines Gespür für das Machbare entwickeln – Emotionen zum Ausdruck bringen
	WASSER 1	im Fluß bleiben – sich selbst besser und tiefer verstehen lernen – Wandel in sich und in seiner Umwelt zulassen
Reduzierend	METALL 6	für andere inspirierend sein – Grenzen setzen und Widerstand leisten – Fähigkeiten anderer erkennen und zulassen
	METALL 7	heitere und unbeschwerte Seite des Lebens zulassen – Veränderungen als positive Möglichkeiten des Lebens annehmen

---

Vorsicht	ERDE 5	chaotische Verhältnisse – unrealistische Situationen – Richtungslosigkeit
	ERDE 8	mangelnde Stabilität – Sturheit und Starrsinn – Egoismus – Fanatismus

FEUER 9 übertriebener Ehrgeiz – Ungeduld – Abhängigkeit – Sarkasmus

☷

Struktur: KUN = die Erde, das Empfangende und Hingebende, drei offene Yin-Linien symbolisieren die uneingeschränkte Hingabe und Offenheit mit der Fähigkeit, nicht nur aufzunehmen, sondern Dinge auch reifen zu lassen, das Weibliche und Mütterliche, das reine Yin, das Verbindende, das Erhaltende, Unterstützende, das bedingungslose Wollen

primäres Bild: die drei offenen oder auch schwachen Linien kennzeichnen eine uneingeschränkte Offenheit und damit nicht nur das Aufnehmende, sondern gleichzeitig auch ein reifendes und hervorbringendes Element – Es ist die materielle Welt, die weibliche Qualität – Im Gegensatz zum Himmel steht hier das Passive und das Nichthandeln

ursprüngliches Prinzip: uneingeschränkte Hingabe und Offenheit, die durch drei Yin-Linien symbolisiert wird – offene Ackerfurche, die den Samen aufnimmt – Schmelztiegel des Lebens – kennt weder Zu- noch Abneigung

Feng Shui: Beziehungen – Partnerschaft – Dialog – Geschäftspartner – Nachbarn – Kontakt und Austausch – Empfänglichkeit – Offenheit – Kommunikation

Assoziationen: empfänglich – offen – partnerschaftlich – kontaktfreudig – beziehungsfähig – aufnehmend – Urmutter – gute Beobachter – Dienstleistung – gemütlich – bequem – im Dialog stehen

Potentiale ±: empfänglich – zäh – willensstark – freundlich – sanft – weiblich – ordentlich – altmodisch – konservativ – etwas oberflächlich – scharfe Beobachtungsgabe – sich um andere sorgen – Menschen vereinend – stur – willensstark – liebevoll –

hilfsbereit – treu – hartnäckig – braucht ständige Anerkennung – hart – neidisch – gehässig – herzlos – anpassungsfähig – fürsorglich – rücksichtsvoll – hingebend – abhängig – bedingungslos – offen für Probleme und Sorgen anderer – unsicher – sparsam – zurückhaltend – fügsam – sich unterordnend – unterwürfig – subtil – ruhig – eifersüchtig – selbstzweifelnd – mitfühlend – ablehnend – zögerlich – nachgebend – vernünftig

Verhalten: fügsam – offen – hilfsbereit – mütterlich – aufnehmend – weitherzig – weich – offenherzig – milde – geduldig – bedingungslos – liebevoll – hilfsbereit – treu – hartnäckig – fürsorglich

Verhalten unter Streß: stur – hart – neidisch – gehässig – rachsüchtig – herzlos – ablehnend – unterwürfig – subtil – zögerlich – verwahrlost – schlampig – klammernd – abhängig – unselbständig – sentimental – nachlässig – oberflächlich – unordentlich – ungenau – ungepflegt

Thema des Lebens: Nächstenliebe – fürsorglich und offen gegenüber sich und anderen sein – Lebenserfahrungen weitergeben – Klarheit gewinnen – die eigene Mitte finden – auf die innere Stimme hören – Sturheit vermeiden

kommunikative Fähigkeiten: Offenheit – Empfänglichkeit – hartnäckig – freundlich – sanft – willensstark – anpassungsfähig – hilfsbereit – rücksichtsvoll – zurückhaltend – ruhig – mitfühlend – nachgiebig – vernünftig – teamfähig

besondere Fähigkeiten: scharfe Beobachtungsgabe – Fürsorge – Rücksicht – bedingungslose Hilfsbereitschaft – Mitgefühl – Hingabe – Offenheit – stabilisieren – unterstützen – zentrieren – erhalten

sprichwörtlich:
Erde: jemanden unter die Erde wünschen – in den Erdboden versinken wollen – wie vom Erdboden verschluckt – alles dem Erdboden gleichmachen – etwas nicht aus der Erde stampfen kön-

nen – an die Erde gekettet sein – erdverbunden – Denn Du bist Erde, und Du sollst zu Erde werden – Himmel und Erde – erdig – Blut und Boden – bodenständig
Braun: schwarzbraun ist die Haselnuß – Braunhemden
Gelb: Das Gelbe vom Ei – Gelbschnabel – gelbe Karte zeigen

▶ E r n ä h r u n g : keine Völlerei – Vorsicht mit Zucker, verfeinerten Nahrungsmitteln, Alkohol und Kaffee. Süße über Kürbis, Süßkartoffeln, Karotten, Mais, Hirse und süßes Obst. Schwankung des Blutzuckerspiegels, Neigung zu Hypoglykämie

Holz 3

Allgemeine Beschreibung

Holz 3 oder Donner ist das dynamischste Zeichen der gesamten Folge. Aus der Natur des Donners ergeben sich viele Assoziationen: Impulsivität, explosive Energie, aufrüttelnde Konfrontation, Begeisterung und Sensibilität. Aktivität und entschiedenes Auftreten sind weitere wichtige Attribute des Donners. Ihre spontane und manchmal planlose Art und Weise, mit Situationen umzugehen, läßt Holz 3-Menschen nicht nur sehr kreativ, sondern auch visionär erscheinen.

Spontane Gedanken und Ideen und ein hohes Maß an Energie bringen Holz 3-Menschen dazu, viele Dinge auf einmal erledigen zu wollen. Das kann bedeuten, daß sie voreilig ein Projekt beginnen können und es sofort wieder verwerfen, ohne es zu Ende zu führen. Sie sagen, was sie denken, was von ihren Mitmenschen nicht immer positiv aufgenommen wird. Gleichzeitig können sie einen starken Einfluß auf andere ausüben.

Sie benötigen viel Raum, was zu Kommunikationsproblemen führen kann. Eine unter diesem Zeichen geborene Frau hat es ungleich schwerer als ein Holz 3-Mann, ihre eigene (weibliche) Identität zu finden, weil Holz 3 eine starke Yang-Qualität besitzt. Ihr Auftreten wird von ihrem Umfeld gelegentlich als dominant, selbstbewußt und von anderen Frauen als Konkurrenz betrachtet.

In Beziehungen sind Holz 3-Menschen aufgrund ihrer direkten Wesensart geradlinig und offen, freiheitsliebend und verspielt. Läßt man ihnen genügend Freiraum und schränkt sie nicht in ihrer Bewegungslust ein, sind sie sehr liebevolle und empfindsame Menschen. Im Gegensatz zu Holz 4-Menschen können sie komplexe Sachverhalte mühelos erfassen und analysieren. Sie sind hervorragende Strategen, die aber Unterstützung in der Umsetzung benötigen.

Werden Holz 3-Menschen unter Druck gesetzt und in ihrer Unabhängigkeit eingeschränkt, geraten sie in Wut, explodieren und suchen die direkte Konfrontation oder aber ziehen sich völlig zurück. Dabei können sie sich stark erschöpfen, weil sie sehr hohe Ansprüche an sich selbst und ihre Mitmenschen stellen, keine Hilfe suchen, sondern mit allem allein fertigwerden wollen.

Bietet man diesen Menschen Raum und Zeit für inneres und äußeres Wachstum durch Ausdehnung und Ausweitung und läßt sie ihre Vielseitigkeit und die freie Entfaltung ihrer Kreativität ausleben, schöpfen sie aus einem fast unendlichen Kräftepotential. Durch Meditation und Entspannungsübungen finden sie innere Ruhe und können ihren eigenen Weg erspüren und verstehen lernen.

HOLZ 3 – im Kreislauf der Fünf Elemente

Folgende menschliche Eigenschaften sind als ausgleichendes Element für HOLZ 3 fördernd, fordernd, reduzierend oder mit Vorsicht zu betrachten.

Fördernd	HOLZ 4	Gespür für das Machbare entwickeln – gesunden Menschenverstand behalten – flexibel reagieren und entscheiden können – sensibel agieren
	WASSER 1	im Fluß bleiben – loslassen können – mehr in die Tiefe gehen – sich seine eigenen Talente bewußt machen – seine Richtung finden
Fordernd	METALL 6	Strukturen zulassen und flexibel handhaben – eigene Visionen in die Realität umsetzen – Schuldgefühlen spielerisch begegnen – keine Unabhängigkeit um jeden Preis durchsetzen wollen
	METALL 7	Gespür für die eigene Qualität entwickeln – Einfallsreichtum und Kreativität ausleben – eigene Gefühle zulassen – sich der Einzigartigkeit bewußt werden – Zeit für Beschaulichkeit nehmen
	ERDE 2	Starrsinn und Sturheit vermeiden – Neidgefühle nicht zulassen – nicht zögerlich oder oberflächlich reagieren – einfühlsam bleiben
	ERDE 5	seine Mitte finden – chaotische Verhältnisse bereinigen – Anpassungsfähigkeit lernen – seine eigene Richtung finden
	ERDE 8	innere Bedürfnisse nicht verstecken – Selbstvertrauen ohne Überheblichkeit entwickeln –

		Veränderungen, die von außen kommen, akzeptieren – nicht in Selbstzweifel versinken
Reduzierend	FEUER 9	Klarheit finden und ausdrücken – Lebensfreude und Optimismus kultivieren -nicht nachtragend sein – analytisch denken – Bindung an eine Gemeinschaft erkennen und akzeptieren
Vorsicht	HOLZ 4	Unzuverlässigkeit – Opportunismus – Wechselhaftigkeit – Hektik
	WASSER 1	Besserwisserei – geistige Abwesenheit – Mißtrauen – Eigenwilligkeit

- S t r u k t u r : CHEN = der Donner, das Erregende, das Impulsive, die Erschütterung: Eine starke Yang-Linie unterhalb zweier Yin-Linien, die Wachstum und rasch aufsteigende Energie des jungen Frühlings symbolisiert. Die starke Yang-Linie ist der initiatorische Impuls, der Geist; die schwachen Linien sind die Ausbreitung der Kraft, die Leben entstehen lassen

- p r i m ä r e s B i l d : der Donner symbolisiert mit der unteren starken Yang-Linie eine kraftvolle, dynamisch aufsteigende Energie, vergleichbar mit einem aufbrechenden Samenkorn im Frühjahr, was Leben und Sein beinhaltet. Ein Zeichen von treibender Kraft, Erneuerung, Befreiung, Entfaltung, Begeisterung, Impulsivität und Heftigkeit

- u r s p r ü n g l i c h e s P r i n z i p : steht für eine starke, sich nach oben ausbreitende Bewegung. Donner und Blitz verbergen sich hinter diesem Zeichen, was auf ungebändigte, impulsive männliche Energie hinweist. Das Erregende ist entschieden und heftig

- F e n g S h u i : Vergangenheit – Ahnen – Eltern – Mentoren – Vorgesetzte – Familie – Erinnerung

▶ Assoziationen: Frühling – hellgrün – Impuls – Emporsteigen – Vitalität – Ausdruck – Expansion – Konfrontation – Erneuerung – Beweglichkeit – blitzartig – Freisetzung von Energie – Ventil – Befreiung – Aufruhr – Erregung – Erschütterung

▶ Potentiale ±: impulsiv – explosiv – inspirierend – aufdringlich – aufgeregt – aufrichtig – intuitiv – rücksichtslos – triebhaft – begeisternd – überzeugend – aufrüttelnd – bestimmend – erregend – entschlossen – aktiv – befreiend – expansiv – blitzartig – spontan – aggressiv – wütend – idealistisch – gewaltsam – dynamisch – zornig – nervös – visionär – ideenreich – exaltiert – überzeugend – schockierend – kühn – dreist – forsch – empfindlich – planlos – unrationell – ziellos – unausgewogen – grob – sympathisch – eitel – unabhängig – ehrgeizig – egoistisch – harsch – leicht zu enttäuschen – freiheitsliebend – verspielt – aufregend – empfindsam – liebevoll – kreativ – großzügig – chaotisch – vielseitig

▶ Verhalten: fröhlich – ausgelassen – unvoreingenommen – verspielt – voller Energie – unbeschwert – impulsiv – blitzartig – flexibel – inspirierend – ideenreich – aufrüttelnd – begeisternd – überzeugend – sympathisch – großzügig – chaotisch – kreativ – spontan – aggressiv – liebevoll – vielseitig – aufrichtig – gerecht

▶ Verhalten unter Streß: unausgewogen – egoistisch – harsch – chaotisch – ziellos – grob – aufgeregt – wütend – zornig – aggressiv – impulsiv – rücksichtslos – aufdringlich – streng – gewaltsam – explosiv – nervös – unruhig – unrationell – verzettelt – planlos – lautes und schnelles Sprechen

▶ Thema des Lebens: freie Entfaltung der Kreativität – Vielseitigkeit ausleben – inneres und äußeres Wachstum durch Ausdehnung und Ausweitung – uneingeschränkte Entwicklung – Erneuerung – Befreiung – Loslassen – im Fluß bleiben – aufrütteln und wecken – den eigenen Weg erspüren und verstehen – die Gesetze der Schöpfung und des ewigen Wandels verstehen lernen

- kommunikative Fähigkeiten: begeistern und überzeugen können – entschlossen handeln – intuitives Erfassen – einwirken können – konfrontieren – aktiv sein – blitzartig erfassen und wirken – Probleme erkennen und ansprechen

- besondere Fähigkeiten: Begeisterungsfähigkeit – aufrütteln – in Bewegung setzen – überzeugen – kreativ – vielseitig – schnelle Auffassungsgabe – kann komplexe Sachverhalte verstehen – kann Zusammenhänge aus neuen Blickwinkeln betrachten – geistige Beweglichkeit – Visionär – Brainstorming

- sprichwörtlich:
  Donner: zum Donnerwetter noch mal – ein Donnerwetter loslassen – wie das leibhaftige Donnerwetter – Donner und Doria – wie ein Donnerschlag
  Blitz: wie der Blitz aus heiterem Himmel – blitzschnell – blitzgescheit – Geistesblitz – Potzblitz – schnell wie der Blitz – blitzblank – wie der Blitz verschwinden – wie ein geölter Blitz – wie vom Blitz getroffen – er ist abgeblitzt
  Grün: siehe Wind

- Ernährung: frisches grünes Gemüse und Kräuter, Pickles, saurer Geschmack, Löwenzahn und Brennessel, wenig tierisches Eiweiß, reichlich komplexe Kohlenhydrate, Keimlinge, grüner Salat

Holz 4

Allgemeine Beschreibung

Holz 4 oder Wind steht für Flexibilität, ständige und in alle Richtungen gehende Bewegungen, mal sanft, mal stürmisch. Begeisterungsfähigkeit, Verletzlichkeit, Zartheit und Zuneigung sind weitere Attribute von Holz 4-Menschen. Ihr Thema ist Kommunikation in allen Facetten. Dabei können sich Holz 4-Menschen leicht verausgaben und den Blick für das Wesentliche und für komplexe Vorgänge verlieren.

Sie sind mitfühlend, intuitiv, gefühlsbetont und empfindsam, was viele Menschen anzieht. Ihre sanfte und liebevolle Art wird von anderen gern angenommen. Ihr Leben ist von starken und wechselhaften Emotionen und dem Streben nach Unabhängigkeit geprägt. Auch wenn ihr Leben nach außen hektisch und unkoordiniert wirkt, bewahren sich diese Menschen ihren Optimismus.

Unter Druck und Streß und je komplexer sich eine Situation entwickelt, geraten Holz 4-Menschen schnell in Verwirrung. Sie reagieren dann unentschlossen und von der Situation überwältigt. Sie werden zu Zauderern, die keine Entscheidung mehr treffen, oder reagieren impulsiv und wütend. Ist jedoch der richtige Zeitpunkt für sie gekommen oder nimmt man ihnen ein Teil der bedrückenden Last ab, finden sie schnell zu ihren Fähigkeiten und Talenten zurück.

Sauberkeit, eine ruhige Atmosphäre und ihre eigene Ordnung sind für Holz 4-Menschen besonders wichtig. Dann haben sie ein gutes Gespür für das Machbare und die Fähigkeit, verborgenes Wissen ans Licht zu bringen. Sie sind die geborenen Vermittler, weil andere Menschen ihnen gern vertrauen. Sie ändern ihre Meinung schnell, weil sie im Gespräch bereits sehr viel aufnehmen und für sich umsetzen.

Um sich selbst wohl zu fühlen und weiterhin Zugang zu den Geheimnissen des Lebens zu finden, brauchen Holz 4-Menschen eine langsame, konzentrierte und aufgeschlossene Veränderung durch Wandlung, die auf einem gesunden Urvertrauen ruhen sollte. Außerdem sind Standhaftigkeit, Stabilität und die Regeneration ihrer an sich vitalen Kräfte notwendig.

HOLZ 4 – im Kreislauf der Fünf Elemente

Folgende menschliche Eigenschaften sind als ausgleichendes Element für HOLZ 4 fördernd, fordernd, reduzierend oder mit Vorsicht zu betrachten.

Fördernd	HOLZ 3	Unbeschwertheit und Spontaneität zulassen – sich begeistern können – Visionen zulassen, auch wenn sie nicht sofort umsetzbar sind
	WASSER 1	im Fluß bleiben – mehr in die Tiefe gehen – sich seine eigenen Talente bewußt machen – seine Richtung finden – Sicherheit trotz eigener Verletzlichkeit entwickeln
Fordernd	METALL 6	Strukturen zulassen und flexibel handhaben – Träume auf ihre Umsetzung in die Realität überpüfen – Verantwortung für sich selbst übernehmen – ein Netz von Freunden und Verbündeten aufbauen
	METALL 7	Gespür für die eigene Qualität entwickeln – eigene Gefühle zulassen – Zeit für Freude und Genuß finden – Tendenzen zur Oberflächlichkeit bewußt machen
	ERDE 2	die Wichtigkeit von Beziehungen erkennen – Neidgefühle nicht zulassen – nicht zögerlich oder oberflächlich reagieren – einfühlsam bleiben
	ERDE 5	seine Mitte finden – chaotische Verhältnisse bereinigen und konzentriert bleiben – Anpassungsfähigkeit lernen – seine eigene Richtung finden
	ERDE 8	innere Bedürfnisse nicht verstecken – Selbstvertrauen ohne Überheblichkeit entwickeln – Veränderungen, die von außen kommen, akzeptieren – nicht in Selbstzweifel versinken
Reduzierend	FEUER 9	Klarheit finden und ausdrücken – Lebensfreude und Optimismus kultivieren – nicht nachtragend sein – Bindung an eine Gemeinschaft erkennen und akzeptieren – klare und direkte Kommunikation suchen

Vorsicht	HOLZ 3	übertriebenet Enthusiasmus – Unausgewogenheit – Ziellosigkeit – Unruhe – Planlosigkeit
	WASSER 1	Besserwisserei – unversöhnliches Verhalten – Kompromißlosigkeit – geringschätziges Verhalten anderen gegenüber

☴

Struktur: SUN, der Wind, das Sanfte: Eine offene, schwache Yin-Linie unter zwei starken Yang-Linien vermittelt das Bild des Windes, der zwar gewaltig wehen kann, aber auch auf schwachen Füßen steht – Beharrlichkeit und Durchdringen stehen über einer freundlichen Natur, die Unterstützung von unten braucht – Das Trigramm symbolisiert die menschliche Welt des Empfindens

primäres Bild: die beiden oberen Yang-Linien vermitteln die Kraft und Beständigkeit des Windes, die aber auch sehr wechselhaft sein kann, wie die untere Yin-Linie zeigt – Empfinden bedeutet, mit allen fünf Sinnen aufnehmen und offen sein können – außen entschlossen und fest, innen sanft und empfindsam

ursprüngliches Prinzip: das männliche Prinzip begibt sich auf die Suche nach dem Sanften, dem Weiblichen – das noch Unentschiedene – die Heftigkeit – wechselhafte Stimmungen

Feng Shui: gesegnet sein – Reichtum – innere Zufriedenheit – glückliche Umstände – empfangen von Wohltaten – Wahrnehmung eines individuellen Glücksgefühls – Dankbarkeit für das Leben, das einem geschenkt wurde

Assoziationen: Wind – Sturm – Orkan – himmlische Botschaft – dunkelgrün – Empfinden – das Sanfte, das Bewegende, das Ausbreitung Schaffende – spirituelle Entwicklung – Energie des Himmels – Frühsommer

Potentiale ±: höflich – verbindlich – sanft – wohlwollend – verbindend – tolerant – flüchtig – nicht greifbar – wechselhaft – keine klare Position – keine feste Zusage – Opportunist – unzuverlässig – beweglich – empfindsam – sorgfältig – strebsam – glaubwürdig – mobil sein – wahrnehmend – geistiges und esoterisches Interesse – entspannend – beeinflussend – charmant – liebenswert – diplomatisch – sanfte Überredungskunst – beliebt – versöhnend – ausweichend – getrieben – aufgeschlossen – sensitiv – sich wandelnd – zufrieden – glücklich – sich anpassend – sehr emotional – beeinflußbar – offen – vertrauensvoll – durchdringend – erregbar – heiter – höflich – ordentlich – exaltiert

Verhalten: flexibel – biegsam – gehorsam – höflich – sanft – ordentlich – zielstrebig – nachgiebig – aktiv – zuhörend – empfindsam – sorgfältig – wahrnehmend – liebenswert – glaubwürdig – beliebt – aufgeschlossen – sensibel – zufrieden – sich anpassend – vertrauensvoll – heiter – komplexe Sachverhalte zur besseren Bearbeitung aufteilen – unabhängig

Verhalten unter Streß: ausweichend – getrieben – beeinflussend – sehr emotional – erregbar – exaltiert – zornig – wütend – ausweichend – unzuverlässig – opportunistisch – flüchtig – nicht greifbar – wechselhaft – keine klare Position – hektisch – rauh – konfus – sprunghaft – ängstlich – zauderhaft – aggressiv – impulsiv – leichtfertig – masochistisch

Thema des Lebens: langsame Veränderung durch Wandlung und Konzentration – spirituelle Entwicklung – flexibel und aufgeschlossen sein, ohne den Boden unter den Füßen zu verlieren – Urvertrauen und große Verbundenheit mit der Erde und ihren Geschöpfen entwickeln – verborgenes Wissen ans Licht, den Geist zur Ruhe bringen – Licht nach innen lenken und nicht immer in Aktion treten wollen

kommunikative Fähigkeiten: Glaubwürdigkeit – Geselligkeit – Beweglichkeit – Empfindsamkeit – Einfluß – Wille – Sorgfalt – grenzüberschreitendes Interesse – Zielstrebigkeit –

Wahrnehmung – Konzentration – Reflexion – Einfühlsamkeit – Präzision

- besondere Fähigkeiten: Unabhängigkeit – psychologisches Einfühlungsvermögen – sehr gut zuhören können – feines Gespür für das Machbare – gesunder Menschenverstand – freundlich – kollegial – diplomatisch – positive Einstellung – gute Schlichter in Problemfällen – Sinn für Ästhetik

- sprichwörtlich:

  Wind: wie ein Fähnchen im Wind – windiger Charakter – leeres Gerede – Windbeutel – Windhund – windiger Patron – Wind machen – Wind in den Segeln haben – Wind von vorn bekommen – in den Wind reden – in den Wind schlagen – von etwas Wind bekommen – der Wind, das himmlische Kind

  Grün: Grün hinter den Ohren – Greenhorn – junges Gemüse - grüner Junge – grüne Minna – grünes Licht – grüner Daumen – grüner Hering – jemandem nicht grün sein – grün vor Neid – sich grün ärgern – jemanden grün und blau schlagen – das ist dasselbe in Grün – grünes Licht geben – vom grünen Tisch aus – auf keinen grünen Zweig kommen – jemanden über den grünen Klee loben – grüne Männchen sehen

- Ernährung: keine fettigen Mehlspeisen, Milchprodukte, Eiscreme, keinen scharf gewürzten Käse – keine Nahrungsmittel, die viel Natrium oder Kalium enthalten (Imbißkost) – empfehlenswert sind kalziumreiche Nahrungsmittel (Meeresgemüse, dunkelgrünes Blattgemüse) – wenig Alkohol

Erde 5

Allgemeine Beschreibung

Erde 5 befindet sich in der Mitte des Bagua und vereinigt die Extreme von Yin und Yang. Da sich alle Energien in der Mitte konzentrieren und auch von dort wieder wegstreben, nimmt Erde 5 eine sehr dominante Stellung ein. Sie besitzt in hohem Maße sowohl schöpferische als auch zerstörerische Fähigkeiten. Auf den Menschen bezogen symbolisiert sie Macht, Kühnheit und große Talente. Erde 5-Menschen sind die Problemlöser und Katalysatoren (Nabe eines Rades) für andere, aber nicht für sich selbst. Wenn sie sich im Gleichgewicht befinden, besitzen sie eine »erdige Zufriedenheit«. Aus dieser Haltung heraus können sie gute Ratgeber für andere sein.

Erde 5-Menschen sind komplexe Persönlichkeiten und haben zwiespältige Potentiale. Einerseits können sie Ordnung ins Chaos bringen, andererseits selbst sehr chaotisch sein. Ihr ereignisreiches Leben kann von extremen Höhen und Tiefen geprägt sein, läßt sie aber immer wieder auf die »Beine kommen«. Da sie zu Extremen neigen, geraten sie sehr leicht aus ihrer Mitte. So können sie einmal sehr fleißig, dann wieder extrem faul sein. Sie sind wie ein Chamäleon und können sich aufgrund ihrer zentralen Lage im Bagua an jede Situation anpassen.

Wenn sie ein Ziel erreichen wollen, können sie sehr erfinderisch und trickreich sein. Ihr starkes Ego ist eine wichtige Antriebskraft in ihrem Leben. Da sie sich selbst immer im Mittelpunkt fühlen, nehmen sie nur ungern Hilfe oder Ratschläge an. Deshalb ist ein Lernprozeß oft nur über harte Schicksalschläge möglich. Und mit ihren Stímmungsschwankungen verprellen sie ihre Umwelt.

Um das zwiespältige Potential der Erde 5-Menschen im Gleichgewicht halten zu können, ist es für sie besonders wichtig, den Weg in die eigene Mitte zu finden, den Geist zur Ruhe zu bringen und nicht immer in Aktion treten zu wollen. Darüber hinaus ist Zuhören können von großer Bedeutung für sie.

ERDE 5 – im Kreislauf der Fünf Elemente

Folgende menschliche Eigenschaften sind als ausgleichendes Element für ERDE 5 fördernd, fordernd, reduzierend oder mit Vorsicht zu betrachten.

Fördernd	ERDE 2	Offenheit und echte Fürsorge für andere entwickeln – Rücksicht üben – ein Gefühl für Selbstorganisation anstreben – Sanftheit und bedingungsloses Wollen praktizieren
	ERDE 8	Hingabe an das höhere Selbst zulassen – Bescheidenheit leben und umsetzen – beharrlich an einer Sache bleiben – Loyalität kultivieren
	FEUER 9	Klarheit suchen und finden – die eigenen sozialen Fähigkeiten erkennen und bewußt einsetzen – nicht nachtragend sein – Pflichtbewußtsein
Fordernd	HOLZ 3	Konfrontationen nicht ausweichen – entschlossen handeln – unvoreingenommen gegenüber neuen geistigen Zusammenhängen sein – Intuition leben lassen
	HOLZ 4	feines Gespür für das Machbare entwickeln – offen sein für den spirituellen Sinn des Lebens – Stellung beziehen – Sensibilität entstehen lassen
	WASSER 1	sich selbst besser und tiefer verstehen lernen – gelassener werden und Meinungen vorsichtiger zum Ausdruck bringen – feinfühliger werden in der Kommunikation mit anderen
Reduzierend	METALL 6	für andere ein Vorbild sein – vorbehaltlos geben können – überzeugend und großmütig auftreten – Ratschläge von außen annehmen können
	METALL 7	Veränderungen als positive Möglichkeiten des Lebens annehmen – manipulative Tendenzen im eigenen Tun erkennen und unterlassen – nicht an Vergangenem festhalten wollen

---

Vorsicht	ERDE 2	Unordnung – Sentimentalität – Oberflächlichkeit – Ablehnung – Neid – Richtungslosigkeit

ERDE 8 mangelnde Stabilität – Phlegma – Egoismus – Selbstzweifel – Überheblichkeit – Hoffnungslosigkeit

FEUER 9 Ungeduld – Abhängigkeit – Hitzköpfigkeit – Sarkasmus – Großspurigkeit – mangelndes Durchhaltevermögen

- **Struktur:** der Ursprung der NineStarKi-Analyse sind das I Ging und die acht Trigramme, die sich um die Fünf im Zentrum bewegen – die Fünf hat kein eigenes Trigramm, aber Verbindung zu allen Trigrammen rundherum – besonders enger Kontakt zu Erde 2 und Erde 8, so daß manche Interpreten Erde 5-Frauen mit der weiblichen Erde 2 und Erde 5-Männer mit der männlichen Erde 8 interpretieren

- **primäres Bild:** das Zentrum – die Mitte – im Mittelpunkt stehen – Solarplexus – Hara – Dantien – Tai Chi

- **ursprüngliches Prinzip:** Symbol für alle Gegensätze in der Einheit – Verbindung und Integration – Nabe eines Rades

- **Feng Shui:** Gesundheit – Tai Chi – enthält alle Aspekte aller Trigramme – Verbindung und Integration aller Lebensbereiche rundherum

- **Assoziationen:** in der Mitte sein – Anfang und Ende – Alles oder nichts – Nabe eines Rades – Ruhe in der Bewegung

- **Potentiale ±:** stoisch in harten Zeiten – Stehaufmännchen – egozentrisch – Stärke – Kühnheit – Begabung – Kreativität – zwiespältiges Potential – große Talente – ungebändigte Wildheit und Rauheit – unbezähmbar – beharrlich in ihrer Karriere – fürsorglich – einfühlsam – komplexe Persönlichkeit – starker Wille zum Sieg – überdurchschnittlich motiviert oder extrem träge –

rebellisch – vielseitig – unverblümt – charismatisch – analytisch – Schwächen erkennend – unentschlossen – Problemlöser – Führungsqualitäten – kämpferisch – lernen nur durch Schicksalsschläge – nehmen ungern Ratschläge an – gute Beobachter – Tendenz zur Oberflächlichkeit

- Verhalten: Stehaufmännchen – begabt – kreativ – große Talente – überdurchschnittlich motiviert – Führungsqualitäten – Problemlöser – kämpferisch – unbezähmbar – beharrlich an ihrer Karriere arbeitend – fürsorglich – einfühlsam – komplexe Persönlichkeit – starker Wille zum Sieg – vielseitig – unverblümt – charismatisch – analytisch – Schwächen erkennend

- Verhalten unter Streß: wenig Stabilität – stur – ungeduldig – hastig – arrogant und selbstgefällig – zynisch – selbstzweifelnd – chaotisch – selbstgerecht – rebellisch – Außenseiter – problematisch, wenn man ihre Fähigkeiten nicht anerkennt – unentschlossen – träge – richtungslos – unrealistisch – machen sich leicht Feinde – lernen nur durch Schicksalsschläge, weil sie keine Ratschläge annehmen – Tendenz zur Oberflächlichkeit

- Thema des Lebens: Hingabe an das höhere Selbst – den Weg zur Mitte aufspüren – den Geist zur Ruhe bringen – Licht nach innen lenken und nicht immer in Aktion treten wollen – Klarheit des Geistes suchen – Zuhören lernen

- kommunikative Fähigkeiten: einfühlsam – analytisch – Schwächen erkennend – motivierend – fürsorglich – problemlösend – vielseitig – unterstützend – Details beisteuern können – aufmunternd sein – realistische Ziele setzen

- besondere Fähigkeiten: Kreativität – große Talente – einfühlsam – starker Wille zum Sieg – überdurchschnittlich motiviert – vielseitig – charismatisch – analytisch – Schwächen erkennend – Problemlöser – Führungsqualitäten – gute Beobachter

s p r i c h w ö r t l i c h :
Mitte: im Mittelpunkt stehen wollen – nicht in seiner Mitte ruhen – zum Kern vorgedrungen sein – sich für den Nabel der Welt halten – Nabelschau halten

E r n ä h r u n g : Tendenz zu Hypoglykämie und Diabetes. Kein übermäßiger Verzehr von Zucker, Süßigkeiten und Produkten aus Auszugsmehlen. Der Bedarf an Süßem sollte über süße Gemüse (Kürbis, Karotten, gedünstete Zwiebeln und Trockenfrüchte) gedeckt werden

Metall 6

Allgemeine Beschreibung

Metall 6 oder Himmel ist das stärkste Yang-Zeichen und steht für Vollkommenheit, Klarheit und Beständigkeit. Verantwortungs- und Pflichtgefühl sind sehr stark ausgeprägt, Struktur und Ordnung haben große Bedeutung für sie. Entweder die Welt, in der sie leben, ist geordnet oder sie wird nach ihren Vorstellungen ausgerichtet. Sie haben eine starke Erwartungshaltung und reagieren enttäuscht, wenn es nicht nach ihrem Willen geht. Sie mischen sich gern in alles ein (Metall 6 = Himmel) und können sich kaum von ihren starren und festen Ansichten lösen.

Da sie ihre Schwächen sehr genau kennen, reagieren sie auf Kritik von außen sehr empfindlich und mit starken Schuldgefühlen, was zu einem defensiven und vorsichtigen Verhalten führen mag. Sie sind sehr hart und zielbewußt, tendieren zur Selbstausbeutung und sehen weder nach links noch nach rechts. Wenn sie ein bestimmtes Ziel vor Augen haben, scheuen sie gelegentlich nicht davor zurück, andere Menschen in ihrer unmittelbaren Umgebung für dieses Ziel auszunutzen.

Das manchmal autoritäre und chauvinistische Verhalten von Metall 6-Männern, besonders Frauen gegenüber, macht sie bei diesen nicht gerade beliebt. Macht ist ein großes Thema für Metall 6. Ihr gut organisierter und strukturierter Verstand läßt sie Schwierigkeiten relativ leicht überwinden. Allerdings erscheinen sie aufgrund ihres machtvollen Auftretens stolz, unnahbar, arrogant und unwirsch. Sie sollten mehr darauf achten, die Wünsche ihrer Mitmenschen anzuhören und zu berücksichtigen. Sie lernen aus der Vergangenheit und sind dann nicht gerade sehr flexibel, wenn sie mit neuen Situationen konfrontiert werden.

Auch wenn es ihnen leicht zu fallen scheint, ihr äußerliches Leben zu meistern, ist es sehr schwierig für sie, Zugang zu ihren eigenen Gefühlen zu finden. Sie wollen darüber bestimmen und müssen ihren Gefühlsbereich und auch den der anderen unter Kontrolle haben – aus Angst, verletzt zu werden. Sie bauen in solchen Situationen Gefühlsmauern auf, wirken unnahbar und von der Situation weit abgerückt. Sie diskutieren sich dann »um Kopf und Kragen«.

Um Vertrauen zu sich selbst zu haben, ohne dabei überheblich zu wirken, ist es gerade für diese Menschen ganz wichtig, offen zu sein für die eigene Sensibilität und die der anderen, Zugang zu den eigenen Gefühlen zu suchen, nicht zu starr auf den eigenen Überzeugungen zu beharren und zuhören zu lernen. Wenn sie ihre Führungsfähigkeit einfühlsam und flexibel umsetzen, werden sie jeder Situation gewachsen bleiben.

METALL 6 – im Kreislauf der Fünf Elemente

Folgende menschliche Eigenschaften sind als ausgleichendes Element für METALL 6 fördernd, fordernd, reduzierend oder mit Vorsicht zu betrachten.

Fördernd	METALL 7	Unbeschwertheit und Heiterkeit leben – Gespür für Qualität entwickeln
	ERDE 2	Offenheit und uneingeschränkte Hingabe entwickeln – Rücksicht üben – Beziehungsfähigkeit verbessern – Sanftheit praktizieren
	ERDE 5	in der Mitte sein – Ratschläge annehmen – den Geist zur Ruhe bringen – Anpassungsfähigkeit lernen
	ERDE 8	Selbstvertrauen ohne Überheblichkeit entwickeln – Bescheidenheit leben und umsetzen – zuhören lernen – Respekt und Schutz für Partner bieten
Fordernd	FEUER 9	Klarheit des Geistes suchen – klare Ausdrucksfähigkeit lernen und ausüben – Freude am Leben entwickeln – Fähigkeiten des anderen respektieren
	HOLZ 3	das Spielerische in sich entdecken – begeistern und überzeugen können – unvoreingenommen gegenüber neuen geistigen Zusammenhängen sein – Inspiration – komplexe Sachverhalte erfassen lernen
	HOLZ 4	flexibel und geduldig agieren lernen – Sensibilität und feines Gespür fördern – sich nachgiebig zeigen – höflich auftreten lernen
Reduzierend	WASSER 1	im Fluß bleiben – Phantasie entdecken – Humor entwickeln

Vorsicht	METALL 7	Oberflächlichkeit – Geschwätzigkeit – manipulative Tendenzen – Nostalgie
	ERDE 2	Sturheit – Ablehnung – unterwürfiges und subtiles Handeln – Sentimentalität
	ERDE 5	Richtungslosigkeit – Ungeduld – Arroganz – selbstgefälliges Auftreten
	ERDE 8	Härte – Egoismus – Selbstzweifel – Überheblichkeit – Verschlossenheit

☰

- Struktur: CHIEN = der Himmel, das Schöpferische: Drei starke Yang-Linien symbolisieren die ungebändigte Kraft des Himmels – Das wird mit der Härte, Beständigkeit und Unflexibilität von Metall assoziiert – Das Gesamttrigramm entspricht der menschlichen Welt des Gewahrseins

- primäres Bild: die drei Yang-Linien sind einfach vollkommen. Es gibt kein »vielleicht« oder »ja, aber«, das signalisiert Unzugänglichkeit. Dieses starke Übergewicht kann nur durch Einfallsreichtum, Offenheit und Empfindsamkeit in der Umwelt abgemildert werden

- ursprüngliches Prinzip: unendliche väterliche Yang-Energie und das aktive, schöpferische Prinzip kennzeichnen dieses Trigramm – Das Schöpferische ist immer stark, entschieden und wirklich – Es bleibt sich selbst treu und kennt keine Unklarheiten und Schwankungen

- Feng Shui: hilfreiche Freunde – Schutzengel – Unterstützung für andere – von Herzen geben können – Hilfsbereitschaft – gute Freunde – Nächstenliebe – Selbstlosigkeit – Zuwendung geben können

A s s o z i a t i o n e n : Himmel – Klarheit – Silber und Weiß – kosmische Kraft – Macht – Scharfsinn – Würde – Führerschaft – Diktatur – unendlich – heftig – stur – Dauer – göttliches Bewußtsein – unerreichbar – würdig – direkt – göttliche Gnade

P o t e n t i a l e ±: klar – scharfsinnig – heftig – stur – unerreichbar – würdig – direkt – inspirierend – kreativ – weise – mutig – unabhängig – stolz – energisch – stark – fleißig – tapfer – fest – bahnbrechend – kraftvoll – entschieden – großzügig – gnädig – willensstark – überzeugend – großmütig – zerstörerisch – ungestüm – verletzend – keinen Widerstand duldend – moralisierend – moralisch – vertrauenswürdig – beständig – ausdauernd – verläßlich – alle Schwierigkeiten überwindend – gnadenlos – starrsinnig – arrogant – positiv – aktiv – überheblich – nur wenig anpassungsfähig – intuitiv – nobel – effektive Arbeiter – defensiv – vorsichtig – leicht unzufrieden – rücksichtslos – gut organisiert

V e r h a l t e n : voller positiver Energie – inspirierend – kreativ – mutig – unabhängig – stolz – energisch – stark – fleißig – tapfer – vital – bahnbrechend – kraftvoll – entschieden – großzügig – überzeugend – großmütig – aktiv

V e r h a l t e n u n t e r S t r e ß : heftig – stur – unerreichbar – stolz – wenig überzeugend – zerstörerisch – ungestüm – verletzend – keinen Widerstand duldend – moralisierend – gnadenlos – starrsinnig – arrogant – überheblich – nur wenig anpassungsfähig – defensiv – vorsichtig – Schuldgefühle – leicht unzufrieden – rücksichtslos – fordernd – extrem dominant

T h e m a d e s L e b e n s : Vertrauen zu sich selbst haben, ohne überheblich zu werden – offen für Sensibilität, intuitiv werden und mehr Verständnis für andere haben – seine Mitte finden – Zugang zu den eigenen Gefühlen suchen – die Fähigkeit zu führen, verständnisvoll umsetzen – ein Gefühl der Fürsorge zulassen und leben – flexibel in den eigenen Überzeugungen bleiben – Zuhören lernen

k o m m u n i k a t i v e F ä h i g k e i t e n : offen für neue Ideen – kreativ – entschieden – Verantwortung übernehmend – klar –

inspirierend – großzügig – unabhängig – scharfsinnig – überzeugend – umsetzend

- besondere Fähigkeiten: Führungspersönlichkeit – inspirierend und ausgleichend – ein Vorbild sein, was Ethik und Arbeit betrifft – überzeugend – scharfsinnig – gut umsetzen können – ethische Normen setzend – gutes Gespür für die Fähigkeiten anderer

- sprichwörtlich:
  Himmel: den Himmel offenstehen haben – im siebenten Himmel sein – in den Himmel heben – den Himmel auf Erden haben – Himmel und (Hölle) Erde in Bewegung setzen – das Blaue vom Himmel herunterlügen – aus allen Himmeln (Wolken) fallen – es schreit zum Himmel – himmelhoch jauchzend ... – die Engel im Himmel singen hören – etwas stinkt zum Himmel
  Weiß: siehe Metall 7
  Silber: siehe Metall 7 – einen Silberstreifen am Horizont sehen – glänzend wie Silber

- Ernährung: auf schleimbildende Speisen wie Milch- und Molkereiprodukte verzichten, ballaststoffreiche Ernährung und nur gelegentlich Fleisch, keine alten und wieder aufgewärmten Speisen (Gefahr von Candidabildung an der Oberfläche)

Metall 7

Allgemeine Beschreibung

Metall 7 kennzeichnet die spiegelnde Oberfläche eines Sees, der oberflächlich betrachtet heiter, verspielt und unbeschwert wirkt und seine Tiefgründigkeit nicht erkennen läßt. Metall 7-Menschen sind von Natur aus anpassungsfähig, beredsam und gesellig. Wenn sie sich unsicher fühlen, passen sie sich den jeweiligen Situationen geschickt an. Sie können dann subtil um den Brei herumreden und andere manipulieren. Ihre Fähigkeit zu erfühlen, was andere denken, läßt sie sehr schlagfertig erscheinen. Gleichzeitig sammeln sie Meinungen, Ideen und Trends (Metall 7 = Herbst = Ernte) und wandeln diese mit unglaublichem Geschick zum eigenen Vorteil um.

Metall 7-Menschen sind keine Innovatoren, sondern saugen alles auf, was die Welt ihnen bietet. Der See wird auch mit Glück, Reichtum und Zukunft assoziert. Metall 7-Menschen können sehr tiefsinnig sein, was man aufgrund ihrer oberflächlichen, charmanten und bezaubernden Art nicht immer sofort erkennt. Wenn sie nicht darauf achten, die Wünsche ihrer Mitmenschen zu berücksichtigen, können sie sehr berechnend wirken.

Es sind in der Regel glückliche Naturen, die durch ihre leichtlebige Art, ihre Heiterkeit und ihre Lebensfreude andere Menschen in ihren Bann ziehen. Nach außen hin verbreiten sie auch dann noch Optimismus, wenn das mit ihrem inneren Zustand schon lange nicht mehr übereinstimmt. Deshalb kommt man selten auf die Idee, diesen Menschen Hilfe anzubieten.

Sie sind gute Diplomaten, die erfolgreich Konflikte schlichten können, weil sie keinen Streit mögen. Ihre leichte, oberflächliche und anpassungsfähige Art läßt sie hingegen nicht immer sehr aufrichtig sein. Sie wirken zwar offen und direkt, sind aber gleichzeitig schnell bereit, die Richtung zu ändern, wenn es den allgemein herrschenden Trends entspricht.

Um ihre wahre Persönlichkeit zu entfalten, sollten diese Menschen ihre Beziehungsfähigkeit stärken, mehr in die Tiefe gehen, statt an der Oberfläche zu bleiben, und ihren eigenen Standpunkt ehrlich und wahrhaftig vertreten. Wenn sie dies einmal gelernt haben, hilft ihnen ihr natürlicher Eigennutz, ihre Lebensqualität erheblich zu verbessern.

METALL 7 – **im Kreislauf der Fünf Elemente**

Folgende menschliche Eigenschaften sind als ausgleichendes Element für METALL 7 fördernd, fordernd, reduzierend oder mit Vorsicht zu betrachten.

Fördernd	METALL 6	anderen ein Vorbild sein – Verantwortung für eigenes Handeln übernehmen – bewußter und kritischer Umgang mit Partnern oder Verbündeten
	ERDE 2	Offenheit und uneingeschränkte Hingabe entwickeln – Zurückhaltung üben – Mitgefühl zeigen – Rücksicht nehmen
	ERDE 5	in der Mitte sein – Fürsorge für andere entwickeln – unverblümtes Auftreten
	ERDE 8	um den eigenen Standort wissen – zuhören lernen – Innnehalten – seine Aufmerksamkeit auch auf Details richten
Fordernd	FEUER 9	Klarheit des Geistes suchen – in der Gegenwart leben und ehrlich zu sich und anderen sein – Fähigkeiten des anderen respektieren
	HOLZ 3	Konfrontationen nicht ausweichen – Probleme erkennen u. ansprechen – die Erschütterungen im Leben annehmen lernen
	HOLZ 4	Sensibilität fördern – Glaubwürdigkeit entwickeln
Reduzierend	WASSER 1	mehr in die Tiefe gehen – offen für die Hindernisse im eigenen Leben sein – sich Zeit für einen Rückzug nehmen

Vorsicht	METALL 6	rigide Strukturen – Heftigkeit – Stolz – Überheblichkeit – Dominanz
	ERDE 2	Sturheit – unterwürfiges und subtiles Handeln – Sentimentalität – Oberflächlichkeit
	ERDE 5	Ungeduld – Arroganz – selbstgefälliges Auftreten – mangelndes Realitätsbewußtsein

ERDE 8 Härte – Egoismus – Überheblichkeit – Starrsinn – Dogmatismus – Tendenz zum Fanatismus

Struktur: DUI = der See, das Heitere: Eine offene, schwache Yin-Linie über zwei starken Yang-Linien vermittelt das Bild eines Sees, der an der Oberfläche offen und heiter, jedoch unergründlich tief sein kann – Das silberne Schimmern der Oberfläche wird mit Metall assoziiert – Das Gesamttrigramm entspricht der menschlichen Welt des Fühlens

primäres Bild: die Yin-Linie symbolisiert die Wellen eines Sees – Die beiden Yang-Linien betonen die tiefe, nach oben gerichtete Kraft – Der See spiegelt die Welt der Gefühle wider – Seine Tiefe führt in die karmischen Verbindungen menschlicher Gefühle, die unter oberflächlicher Heiterkeit, Übermut oder Fröhlichkeit schlummern können

ursprüngliches Prinzip: umgekehrte Linienstruktur gegenüber dem Berg weist auf einen See, der sich nach oben öffnet – aus der Tiefe kommende innere Wahrheit – Gefäß mit bedeutendem Inhalt – Tiegel aller Lebenserfahrung – Verbindung zu Wasser (Seele)

Feng Shui: Zukunft – Kinder – Kreativität – Lebensgenuß – Fröhlichkeit – Ausstrahlung – Harmonie einer Situation bewahren – ästhetische Orientierung – Qualität in allen Aspekten des Lebens – beeindruckende Kunstwerke – Projekte

Assoziationen: silber und weiß – inspirierend – diplomatisch – fröhlich – unbeschwert – heiter – oberflächlich – geschwätzig – ästhetisch – nostalgisch – manipulativ – white lies – anpassungsfähig – redegewandt – Optimismus – romantisch – hart arbeiten und genießen können

- Potentiale ±: umgänglich – können nur sehr schwer nein sagen – inspirierend – diplomatisch – fröhlich – unbeschwert – heiter – oberflächlich – geschwätzig – ästhetisch – nostalgisch – manipulative Tendenzen – white lies – anpassungsfähig – redegewandt – Optimismus – romantisch – hart arbeiten und genießen können – leidenschaftlich – einfallsreich – Gespür für Trends – gut geeignet für Öffentlichkeitsarbeit – liebenswürdig – sanft – friedlich – verleumderisch – schwermütig – Small talk – freudig – Güte – milde – wahrhaftig – bezaubernd – übermütig – glücklich – harmoniesüchtig – gefühlvoll – subtil um den Brei herumreden – zynisch bis sarkastisch – sinnlich

- Verhalten: umgänglich – inspirierend – diplomatisch – fröhlich – unbeschwert – heiter – ästhetisch – anpassungsfähig – redegewandt – optimistisch – hart arbeiten und genießen können – leidenschaftlich – einfallsreich – Gespür für Trends – gut geeignet für Öffentlichkeitsarbeit – liebenswürdig – sanft – friedlich – freudig – wahrhaftig – bezaubernd – gefühlvoll

- Verhalten unter Streß: kann nur sehr schwer nein sagen – oberflächlich – geschwätzig – manipulative Tendenzen – white lies – verleumderisch – schwermütig – subtil um den Brei herumreden – zynisch bis sarkastisch – Flucht in Traditionen – Festhalten an Vergangenem

- Thema des Lebens: Freude am Geben lernen – Individuation und Entfaltung der wahren Persönlichkeit – Beziehungsfähigkeit verstärken – in die Tiefe gehen und nicht an der Oberfläche bleiben – den eigenen Standpunkt ehrlich und wahrhaftig nach außen vertreten

- kommunikative Fähigkeiten: inspirierend – diplomatisch – fröhlich – unbeschwert – heiter – anpassungsfähig – redegewandt – optimistisch – leidenschaftlich – einfallsreich – liebenswürdig – sanft – freudig – bezaubernd – gefühlvoll – gute Umgangsformen

- besondere Fähigkeiten: Öffentlichkeitsarbeit – Beurteilen von Qualitätsabläufen – subtiles Gespür für Trends und Ästhetik – einfallsreich und kreativ – diplomatisches Geschick – kann gut mit Veränderungen umgehen

- Sprichwörtlich:
  See (Wasser): stille Wasser gründen tief – still ruht der See – kein Wässerchen trüben können – das Wasser steht ihm bis zum Hals – sich über Wasser halten
  Weiß: eine weiße Weste haben – einem nicht das Weiße im Auge gönnen
  Silber: Reden ist Silber, Schweigen ist Gold – etwas auf dem Silbertablett überreichen – etwas versilbern – Silberblick – ein silbernes Lachen besitzen

- Ernährung: auf Milchprodukte verzichten – ballaststoffreiche Ernährung – nur gelegentlich Fleisch – keine alten oder tiefgefrorenen Speisen essen – Ernährung nur sehr vorsichtig und langsam umstellen

Erde 8

Allgemeine Beschreibung

Das Bild von Erde 8 steht für das Trigramm Berg. Aufgrund seiner Massivität und Stabilität ist er nicht zu übersehen. So viel konzentrierte und verdichtete Erde kann nicht viel Flexibilität aufkommen lassen. Der Mensch, der in dieser Wandlungsphase geboren wurde, besitzt wegen seines überlegenen Standortes einen freien Geist und Weitsicht sowie Stärke und Ausdauer. Die Unbeweglichkeit des Berges kann man auch mit Starrsinn, Egoismus, Hartnäckigkeit, Ausdauer und Einsamkeit assoziieren.

Solche Menschen wirken nach außen hin unbewegt. Sie fühlen sich bedrängt von zu vielen Emotionen, haben aber selbst tiefgehende Gefühle. In Sorge um andere, werden Gefühle zurückgehalten. Hält man sie für gefühllos, können sie explodieren. Sie verstecken gern ihre Schwächen und Stärken. Die äußere Wahrnehmung eines sehr kraftvollen und stabilen Menschen verbirgt gleichzeitig einfühlsame und fürsorgliche Qualitäten. Ihre Empfindsamkeit, sanfte Art und Bedächtigkeit lassen sie manchmal konservativ, langweilig und arrogant wirken. Das mag zum Teil zutreffen, aber ihre gute Beobachtungsgabe und ihr ernstes Wesen führen zu tiefen und nachhaltigen Erkenntnissen.

Damit der Zugang zu ihren inneren Weisheiten nicht verschüttet wird, brauchen Erde 8-Menschen von Zeit zu Zeit als Ausgleich zu den alltäglichen Belastungen den Rückzug und die Rückbesinnung auf sich selbst. Ein solches Verhalten und das Bedürfnis nach Ruhe und Einsamkeit (Höhlen im Berg) wird gern als Eigenbrötlerei oder Egoismus bis hin zur Rücksichtslosigkeit falsch interpretiert.

In beruflicher und privater Hinsicht sind diese Menschen sehr vernünftig und zuverlässig. Auch wenn sie nicht sehr einfallsreich erscheinen mögen, setzen sie Ideen kreativ und produktiv um. Der Berg ist eine Anhäufung von Materie. Deshalb spricht man diesen Menschen auch Geschick im Umgang mit Geld zu. Was sich in der Umkehrung in Habgier, Geiz und Anhäufung nur materieller Dinge äußern kann.

Finden Erde 8-Menschen den Zugang zu den eigenen Emotionen und bringen ihren hartnäckigen und lebhaften Geist zur Ruhe, dann werden die eigenen Überzeugungen auch nach außen nicht zu rigide und starrsinnig wirken.

ERDE 8 – im Kreislauf der Fünf Elemente

Folgende menschliche Eigenschaften sind als ausgleichendes Element für ERDE 8 fördernd, fordernd, reduzierend oder mit Vorsicht zu betrachten.

Fördernd	ERDE 2	Offen und empfänglich sein – Weichheit zulassen – Gefühle zeigen und äußern – nachgeben können
	ERDE 5	Ratschläge annehmen – eigene Probleme nicht beseite schieben wollen – eine Sachlage auf den Punkt bringen
	FEUER 9	Klarheit suchen und finden – die eigene Beobachtungsgabe verstärkt nutzen – Licht auf evtl. Blockaden im eigenen Wesen werfen
Fordernd	HOLZ 3	spontanes Handeln unterstützen – der Inspiration mit Begeisterung folgen – offen sein für neue geistige Zusammenhänge – Großzügigkeit zulassen
	HOLZ 4	neuen Situationen flexibel begegnen – Emotionen zum Ausdruck bringen – Nachgiebigkeit aktivieren
	WASSER 1	im Fluß bleiben – Wandel in sich und in seiner Umwelt zulassen – loslassen können – Phantasie leben
Reduzierend	METALL 6	für andere inspirierend wirken – offen für neue Ideen sein – Freude am Geben lernen
	METALL 7	heitere und unbeschwerte Seite des Lebens zulassen – Veränderungen als positive Möglichkeiten des Lebens annehmen – Umgänglichkeit zeigen – Anpassungsfähigkeit förden
Vorsicht	ERDE 2	Neid – Gehässigkeit – Härte – Sturheit – Schlampigkeit
	ERDE 5	Instabilität – Selbstgefälligkeit – Selbstgerechtigkeit – Unentschlossenheit

FEUER 9 übertriebener Ehrgeiz – Tendenz zum Fanatismus – Egoismus – Rücksichtslosigkeit

Struktur: KAN = der Berg, das Stillehalten: Eine starke obere Yang-Linie (Gipfel) über zwei schwachen Yin-Linien (Materie) symbolisiert den Berg mit Gipfel und Höhlen – Er steht gleichzeitig für den menschlichen Körper, der durch Meditation und Innehalten Kräfte regenerieren kann

primäres Bild: der Berg signalisiert Stabilität, Beharrlichkeit, aber auch Starrsinn und Egoismus bei gleichbleibender Statur mit wenig Änderungen – am stärksten Yang von allen Erdetypen (Materie der Erde) – nicht in Aktion treten – Weg nach Innen – Verkörperung von äußerster Ruhe – Fundament des Lebens – Übergang vom Winter zum Frühjahr – Bergpfade

ursprüngliches Prinzip: es ist das Tor zum Tempel des wahren Seins, das durch die obere Yang-Linie verborgen wird – Stillehalten – Meditation – Transformationsphase von einem Leben ins nächste – Formgebung

Feng Shui: inneres Wissen – Kontemplation – Meditation – Selbstreflexion – Introspektion – Rückzug – Studium – Bibliothek – Schule – Weisheit – Würde

Assoziationen: braun – genügsam – einfach – standhaft – still – langsam und besonnen – unabhängig – bescheiden – hartnäckig – verschlossen – stur – wenig Emotionen nach außen – durchhalten – ausharren – starrsinnig – Einsamkeit – Isolation – dogmatisch – Trägheit – Rücklagen bildend

Potentiale ±: strebsam – Wohlstand aufbauend – unpünktlich – starrsinnig – sparsam – Rücklagen bildend – genügsam – unkompliziert – soziales Denken – Innenschau – Meditation – Formgebung – innehalten – Erfahrung – weise – körperbewußt

– zurückhaltend – standhaft – würdig – dogmatisch – ruhig – langsam – besonnen – unentschieden – hartnäckig – widerstandsfähig – unabhängig – verschlossen – stur – egoistisch – herzlich – beharrlich – beständig – treu – zuverlässig – bescheiden – phlegmatisch – kultiviert – überheblich – loyal – zäh – eigensinnig – ernsthaft – versteckt seine innersten Bedürfnisse

- Verhalten: strebsam – sparsam – genügsam – unkompliziert – soziales Denken – Innenschau – Meditation – Innehalten – Erfahrung – weise – körperbewußt – zurückhaltend – standhaft – würdig – ruhig – besonnen – hartnäckig – widerstandsfähig – unabhängig – herzlich – beharrlich – beständig – treu – zuverlässig – bescheiden – kultiviert – loyal – zäh – ernsthaft – eigensinnig – methodisch – aussitzen können

- Verhalten unter Streß: akzeptiert nur Veränderungen, die von ihm ausgehen – konservativ – Sorgen – Selbstzweifel – starrsinnig – unentschieden – phlegmatisch – stur – verschlossen – unbeliebt durch direkte Art – überheblich – dogmatisch – egoistisch – versteckt seine innersten Bedürfnisse – agiert plötzlich und unerwartet – depressiv – fanatisch – Habgier – extrem risikobereit – empfindlich – Hoffnungslosigkeit

- Thema des Lebens: Hingabe an das höhere Selbst – Zugang zu den eigenen Emotionen finden – den Weg zur Mitte aufspüren – Überzeugungen nicht zu starr werden lassen – den Geist zur Ruhe bringen – Licht nach innen lenken und nicht in Aktion treten

- kommunikative Fähigkeiten: Beharrlichkeit – besonnen – Herzlichkeit – bescheiden – Beständigkeit – zuverlässig – kultiviert – zuhören können – detailbewußt – strukturierend – methodisch – unterstützend – integrierend – liefert gute Wortbeiträge – loyal – ernsthaft – Empfindsamkeit – verantwortungsbewußt – vernünftig – pragmatisch – geschickt

- besondere Fähigkeiten: starker Geist – baut Beziehungen langsam und sicher auf – respektiert und schützt Partner – gibt

Sicherheit – verletzt nie das Vertrauen – großes Selbstbewußtsein – Blick fürs Detail – pragmatisch – loyal – richtunggebend

s p r i c h w ö r t l i c h :
Berg: Auf den Bergen ist die Freiheit – Berge versetzen können – goldene Berge versprechen – über alle Berge sein – noch nicht über den Berg sein – mit etwas hinter dem Berg halten – ein Berg voller Schulden
Erde: Im Erdboden versinken wollen – unter die Erde bringen – nichts aus der Erde stampfen können – und die Erde war wüst und leer
Braun: Schwarzbraun ist die Haselnuß

E r n ä h r u n g : wegen Tendenz zur Hypoglykämie oder Diabetes wenig Zucker, Alkohol, süßes Gebäck oder Torten (besonders unter Streß) – Empfehlenswert sind Getreide, Hülsenfrüchte, Gemüse, Obst und nur wenig tierische Kost – täglich Meeresgemüse in kleinen Mengen, Winterkürbis und grünes Blattgemüse

Feuer 9

Allgemeine Beschreibung

Das Bild des Feuers steht für Helligkeit, Schönheit, Ruhm und Erfolg. Weiterhin versinnbildlicht das Feuer weitsichtige Intelligenz, Klarheit und Wortgewandtheit. Da das Feuer immer an etwas haftet und genährt werden muß, um brennen zu können, sind Menschen, die in dieser Transformationsphase geboren wurden, darauf angewiesen, immer wieder Anstöße von außen zu bekommen. Im Extremfall brauchen sie ständig das Gefühl, von anderen unterstützt und umsorgt zu werden.

Man sagt solchen Menschen nach, daß sie natürliches Charisma und umwerfenden Charme besitzen. Schon aus diesem Grund können ihre Worte eindrucksvoll erscheinen, auch wenn manchmal nicht viel dahinterstecken mag. Die Hitze des Feuers erzeugt Leidenschaft, Ungeduld und auch Verachtung. Ihr zum Teil überzogenes Selbstvertrauen wird durch die Helligkeit symbolisiert, mit der sie sich gern im Rampenlicht aufhalten. Das Flackern hingegen weist auf Labilität und ein unstetes Wesen hin.

Feuer 9-Menschen sind Persönlichkeiten, die zum Führen geboren sind. Ihr Wankelmut und ihre Impulsivität lassen sie jedoch sehr schnell an Grenzen stoßen. Sie sind wie das lodernde Feuer für eine Sache zu begeistern. Sie fangen mit Elan und Enthusiasmus eine neue Aufgabe an. Ob diese dann aber auch von ihnen zu Ende geführt wird, ist dahingestellt. In einer solchen Situation wäre es angebracht, den Menschen in ihrer Umgebung zuzuhören und ihren Rat und ihre Unterstützung anzunehmen.

Sie sollten sich zurücknehmen können, gewissermaßen auf »Sparflamme brennen«, um Projekte, die sie begonnen haben, mit Geduld und Beständigkeit zu vollenden. Wenn Persönlichkeiten mit Feuerqualität das rechte Mittelmaß finden und mehr nach innen leuchten, können sie nicht nur ihre eigenen Qualitäten besser wahrnehmen, sondern auch nach außen hin ein »leuchtendes Vorbild« sein.

FEUER 9 – im Kreislauf der Fünf Elemente

Folgende menschliche Eigenschaften sind als ausgleichendes Element für FEUER 9 fördernd, fordernd, reduzierend oder mit Vorsicht zu betrachten.

Fördernd	HOLZ 3	Inspiration möglich machen – Ideenreichtum fördern – Unterstützung der eigenen Begeisterungsfähigkeit und Überzeugungskraft
	HOLZ 4	Wünsche und Träume visualisieren – verborgenes Wissen ans Licht bringen – Hingabe an eine spirituelle Entwicklung
Fordernd	WASSER 1	Klarheit über die eigenen Absichten gewinnen – Eigenverantwortung stärken – Feinfühligkeit entwickeln – Individuation und Entfaltung der wahren Persönlichkeit anstreben
	METALL 6	Freude am Geben lernen – Führungs-Qualitäten verständnisvoll umsetzen – Grenzen ziehen können
	METALL 7	Unterstützung nicht nur annehmen, sondern auch geben können – Fähigkeiten von anderen ins rechte Licht rücken
Reduzierend	ERDE 2	Weichheit zulassen – Mitgefühl zeigen und äußern – Beziehungsfähigkeit entwickeln – nicht den Boden unter den Füßen verlieren
	ERDE 5	eigene Probleme nicht beseite schieben wollen – den Weg zur Mitte finden – klar und eindeutig in seinen Absichten und Vorhaben sein – Licht nach innen richten, um nicht immer in Aktion zu treten
	ERDE 8	seine Überzeugungen nicht zu starr werden lassen – zuhören lernen – Bescheidenheit kultivieren
Vorsicht	HOLZ 3	Impulsivität – Unausgewogenheit – Ziellosigkeit – Unruhe – Unstetigkeit

HOLZ 4 Exaltiertheit – Zorn – Opportunismus – Hektik – Ängstlichkeit

☲

Struktur: LI = das Feuer, das Haftende: Eine offene, aufnahmebereite Yin-Linie haftet zwischen zwei starken Yang-Linien, zwischen innen und außen als Übergang von der spirituellen zur materiellen Welt – Denken als Funktion des Übergangs zwischen Innen- und Außenwelt und der Bewußtmachung sorgt dafür, daß der Mensch innere Visionen und äußere Eindrücke differenziert wahrnehmen und verarbeiten kann

primäres Bild: das Feuer: braucht Materie, damit es brennen kann – ist es verbrannt, so ist es aufnahmebereit für Neues, also Impulse aus der inneren und äußeren Welt, die zum Denken anregen – Abschluß eines Kreislaufs – erhellt Probleme – wenn das Feuer nicht erlöschen darf, kann nichts Neues entstehen, dann gibt es keine Offenheit, und es entsteht ein realitätsfernes Selbstbild

ursprüngliches Prinzip: das Haftende: Yin haftet an dem himmlischen Prinzip der beiden Yang-Linien – Feuer oder Licht braucht etwas, an dem es haften oder das es reflektieren kann – Denken ohne Reflexion ergibt kein klares Urteil – Denken ohne Haftung an die Realität bedeutet, gedankenverloren zu sein

Feng Shui: innere Erleuchtung – soziales Ansehen – innere Klarheit – im Blickpunkt des öffentlichen Interesses, im Rampenlicht stehen – Ruhm und materieller Erfolg – Glanz – Popularität – Berühmtheit – Status – Reputation – Leidenschaft – Brillanz – Aktivität

Assoziationen: Das Haftende – Sonne – Rot – Klarheit – Bewußtmachung – Intellekt – Ratio – Denken – Lernen – Wissen

– Vernunft – auf Materie angewiesen – Sehen – Waffen – Angriff – Panzerung – Elektrizität – Fülle und Pracht – Blut – Liebe – Aggression – anziehend

Potentiale ±: entflammbar – begeisterungsfähig – stolz – im (Rampen-)Licht stehend – impulsiv – eitel – erfolgreich – geistvoll – intelligent – fundamentalistisch – materialistisch – wohltätig – aufgeklärt – lebensfreudig – heißblütig – erleuchtet – stürmisch – aufgeregt – extravagant – sensitiv – schnell Freundschaften schließend – egoistisch – benötigt andere Menschen – charismatisch – entschieden – wankelmütig – rücksichtslos – motivierend – ausdrucksstark – abenteuerlustig – offen für ständige Erneuerung – leidenschaftlich – aggressiv – zerstörerisch – Zielvorstellungen schnell zur Reife bringen – voller Ideen sein – fangen gern etwas Neues an – attraktiv – humorvoll – charmant – extravertiert – kontaktfreudig

Verhalten: lichtbringend – fröhlich – voller Energie, Lebensfreude und Optimismus – vorausschauend – pflichtbewußt – klar – brillant – strahlend – akribisch – analytisch – mit Worten beeinflussend – unverblümt – nicht nachtragend – unbeschwert – nicht sehr ehrgeizig – extravertiert – kommunikativ – ausdrucksstark – attraktiv – charmant

Verhalten unter Streß: abhängig – hitzköpfig – aufgeregt – übersprudelnd – spitze Zunge – sarkastisch – ironisch – hysterisch – leidenschaftlich – großspurig – unbedacht – leichtlebig – extravertiert – egoistisch – kein Durchhaltevermögen – ohne Lebensfreude – oberflächlich – Konkurrenzverhalten – rücksichtslos – ängstlich – ungeduldig – übertriebener Ehrgeiz

Thema des Lebens: die Quellen der eigenen Inspiration in der Vergangenheit finden – Einsichten und Erkenntnisse aus der eigenen Spiritualität gewinnen – aufnahmebereit für das höhere Selbst sein – seine Mitte finden – die eigenen Überzeugungen nicht zu starr werden lassen

- k o m m u n i k a t i v e F ä h i g k e i t e n : klare Ausdrucksfähigkeit – unverblümt – unbeschwert – anspornend – Katalysator sein – Fähigkeiten von anderen ins rechte Licht rücken können – Lebensfreude und Optimismus ausstrahlend – analysierend – Networking – koordinierend

- b e s o n d e r e F ä h i g k e i t e n : Prioritäten setzen – Umsetzen der Ideen anderer (Feuer = Transformation von der spirituellen in die materielle Ebene) – mit Kunden umgehen – Marketing – Katalysator sein – analysieren – ein Team aufbauen und fördern – koordinieren – Vertrauen bilden

- s p r i c h w ö r t l i c h :
  Sonne: Sonne im Herzen haben – die Sonne bringt es an den Tag – die Sonne anbeten – das Sonnenlicht scheuen
  Feuer: Feuer und Flamme sein – Feuer im Hintern haben – jemanden feuern – wie Feuer und Wasser sein – mit dem Feuer spielen – sein meistes Feuer ist verpufft – Kastanien aus dem Feuer holen – Feuertaufe
  Rot: einen Tag rot im Kalender anstreichen – den roten Faden verlieren – ein rotes Tuch sein – rote Zahlen schreiben – rotsehen – den roten Teppich ausrollen – den Rotstift ansetzen

- E r n ä h r u n g : keine Völlerei – ausgewogene vegetarische Kost – gesättigte Fette aus tierischen Produkten vermeiden – nur gelegentlich Fisch und Geflügel – nur schwach würzen – wenig Kaffee und Alkohol

4. Kapitel

Die Zyklen der Fünf-Elemente-Lehre

Allgemeines zu den fünf Elementen

Die erste schriftliche Überlieferung der fünf Elemente geht zurück auf etwa 476 – 221 vor Chr. Man nannte diese Zeit die Epoche der »Kämpfenden Staaten«. Damals sprach man jedoch nicht von Elementen, sondern von Fähigkeit, Talent, Material. In einem Schriftstück aus der Zeit der Kämpfenden Staaten steht: »Der Himmel sendet die fünf Fähigkeiten, und die Menschen benutzen sie.« Die Theorie der fünf Elemente fand vor allem ihre Anwendung in der chinesischen Medizin, was ihr schon zu damaliger Zeit den Ruf einer gewissen »Wissenschaftlichkeit« einbrachte, nachdem der Mensch sich vom Schamanismus abgewendet hatte.

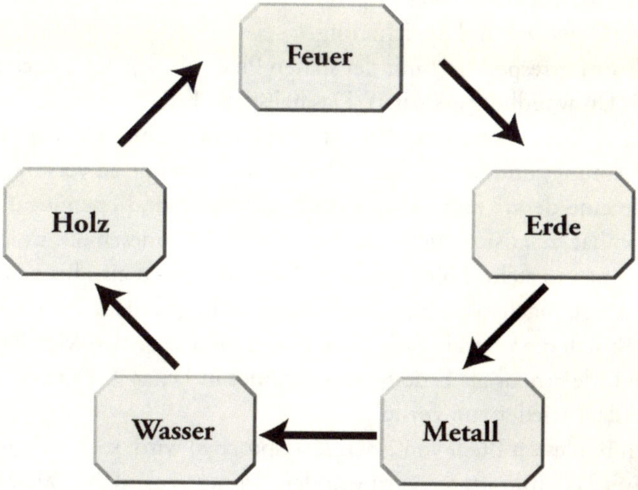

Die Heiler in jener Zeit suchten nicht nach einer übernatürlichen Ursache einer Krankheit, sondern beobachteten die Natur und ihre Phänomene. Sie lebten mit den Elementen, den Jahreszeiten und deren Gesetzmäßigkeiten. Während sie im Einklang mit der Natur waren und dessen Wandel studierten, machten sie bestimmte immer wiederkehrende Feststellungen. So fanden sie heraus, daß der Mensch denselben Gesetzmäßigkeiten und Wandlungen unterliegt wie die Natur.

Wie nach dem Winter der Frühling neues Leben hervorbringt, hat auch der Mensch die Anlagen, neues Leben hervorzubringen. So unterliegt der Mensch dem Rhythmus der verschiedenen Jahreszeiten und der Elemente. Das Zusammenspiel der fünf Elemente oder Transformationsphasen verläuft harmonisch, alles kommt in die rechte Ordnung. Am Ende eines Jahres hat die Sonne ihren Lauf vollendet, und mit dem Frühling fängt alles von neuem an – wie bei einem Ring, der weder Anfang noch Ende hat.

»Denn gemeinsam ist Anfang und Ende beim Kreisumfang.«[13]

Die fünf Elemente oder auch Wandlungsphasen sind jeweils einer Jahreszeit zugeordnet: Holz, welches mit dem Frühling assoziiert ist, verbindet man auch mit Geburt, Feuer gehört zum Sommer und ist mit Wachstum und Jugend verbunden, Metall korrespondiert mit dem Herbst und wird mit Ernte gleichgesetzt, Wasser gehört zum Winter und steht in Verbindung mit Lagerung und Speicherung.

Die Erde korrespondiert mit der späten Phase einer jeden Jahreszeit und wird mit Umwandlung assoziiert. Das heißt, die Erde hat eine sehr zentrale Bedeutung. Denn bevor ein Element in das andere übergeht, tritt die Erde in Erscheinung, um das jeweilige Element mit Energie zu versorgen. Daß die Erde eine derart zentrale und auch nährende und energieaufladende Funktion hat, zeigt sich auch darin, daß bei den Chinesen das Erdelement oft im Zentrum steht. Folgen Sie der Zahlenreihe von eins bis neun, können sie das gut nachvollziehen. Nach Wasser 1 folgt Erde 2. An Holz 3 und 4 schließt sich die zentrale Erde 5 an, und nach den beiden Metall 6 und 7 tritt die Erde erneut als Erde 8 an und endet in Feuer 9. Danach beginnt der Kreislauf wieder von vorne.

Wenn in diesem Buch von Energie gesprochen wird, so ist das gleichzusetzen mit Lebenskraft. Sie wird von den Chinesen als »Chi« oder, in einer anderen Schreibweise, »Qi« und von den Japanern als »Ki« bezeichnet, vergleichbar mit der Kraft der Ströme, Bäche, Flüsse und dem (fast) unerschöpflichen Reichtum an Energie in Seen, Meeren und Ozeanen der Erde.

Sie können die Bewegung in allem erkennen, was sich im Kreislauf der Elemente widerspiegelt, die Natur mitsamt dem Menschen gibt dieses Phänomen wieder. Aufgrund von Chi bewegen sich die Planeten, bläst der Wind, regnet es und scheint die Sonne, ohne Chi könnte der Mensch nicht leben. Wenn Sie sich diese Energie bewußt machen, werden Sie feststellen, daß alle Lebensprozesse harmonisch und rhythmisch verlaufen. Chi wird nicht umsonst als Grundlage allen Lebens bezeichnet.

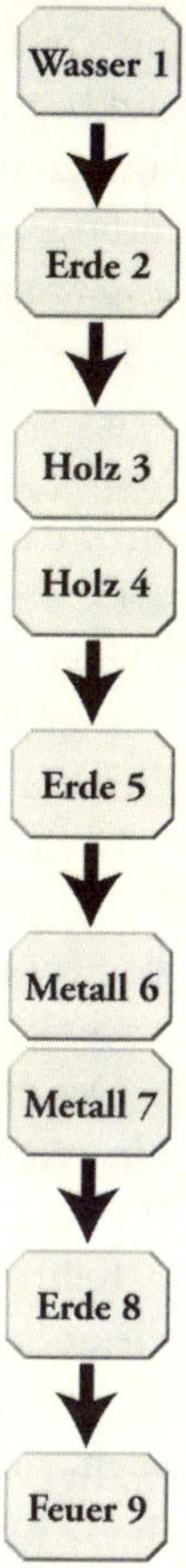

Wir Menschen sind aufgefordert, diese Grundlage nicht nur zu pflegen, sondern auch zu schützen. Was nicht bedeutet, daß Sie ein asketisches Leben voller Entbehrungen führen sollen. Die Weisen aus dem alten China folgten dem Weg, den sie »Tao« nannten. Das »Tao« ist vergleichbar mit einem Rad, die Ruhe des Zentrums ist die Nabe des Rades, und die Unruhe bzw. die Bewegungen um die Nabe herum sind die Speichen, vergleichbar mit unserer heutigen unruhigen, hektischen und manchmal nervenaufreibenden Zeit.

Die Aufgabe des Individuums ist es, trotz allen Wirrnissen und aller Hektik um es herum, wie ein ruhender Pol in der Mitte des Rades zu bleiben. Das bedeutet, zentriert in sich selbst zu sein. Kehren Sie also nach den täglichen Anforderungen, die das Berufsleben oder der Haushalt mit Kindern an uns stellt, in Ihre Mitte (Erde oder vom Bagua her betrachtet ins Tai Chi) zurück, um neue Lebensenergie zu tanken.

Der Kreislauf der Elemente beginnt mit dem Holz oder auch »Baum« genannt, was gleichzeitig mit Frühling assoziiert und der Farbe Grün zugeordnet wird. Im Frühjahr erwacht die Natur aus ihrem Winterschlaf zu neuem Leben, die Bäume fangen wieder an zu wachsen, eine nach außen und in alle Richtung gehende expansive Bewegung.

Das Feuer wird dem Sommer zugeordnet und mit Wachstum, der Farbe Rot sowie einer nach oben gerichteten Bewegung in Verbindung gebracht. Aus dem Feuer – wenn Feuer zu Asche wird – entsteht Erde, die man im I Ging auch als »Das Empfangende« bezeichnet. Das heißt, die Erde zeigt die Bereitschaft, die Saat aufzunehmen und zur Reife zu führen. Die Energierichtung ist ausgleichend und stabilisierend.

Als nächstes erscheint das Element Metall, welches dem Herbst, der Ernte und der Farbe Weiß zugeordnet ist. Hier finden Sie eine kontrahierende Bewegung. Zum Wasser als letztem Element im Zyklus gehört der Winter, die Speicherung und die Farbe Dunkelblau bis Schwarz. Diese Phase wird mit einer ruhenden Energie verbunden. Der Elementezyklus endet hier und beginnt dann wieder von vorne, jedoch auf einer anderen Ebene. Sie können sich diese ständig wiederkehrende, rhythmische Bewegung als eine endlose Spirale oder einen Wirbel vorstellen.

»Man kann nicht zweimal in denselben Fluß steigen.«[13]

Dies klingt zunächst merkwürdig, doch der Fluß fließt ja weiter. Man steigt vielleicht immer an derselben Stelle hinein, das Wasser vom letzten Mal ist jedoch schon viele Kilometer weitergeflossen, und der Fluß ist nicht mehr derselbe.

Es werden vier wichtige Zyklen unterschieden. Der **Fütterungszyklus** oder ernährende Kreislauf bewegt sich im Uhrzeigersinn. Er wird auch als Mutter-Kind-Zyklus bezeichnet, weil ein Element immer das nährende Element des darauffolgenden ist.

Drehen Sie die Bewegungsrichtung um, entsteht der **Erschöpfungszyklus.** Das bedeutet nichts anderes, als daß jedem Element von seinem Folgeelement Energie entzogen wird. Das Kind entzieht der Mutter Energie, um wachsen zu können.

Der dritte Kreislauf ist der **Kontrollzyklus.** In dieser Abfolge wirkt jedes Element im Uhrzeigersinn auf das übernächste ein. Holz kontrolliert Erde, Wasser kontrolliert Feuer usw.

Kehrt man den Kontrollzyklus um, entsteht der **Verletzungszyklus.** In dieser Sequenz wirkt jedes Element entgegen dem Uhrzeigersinn auf das übernächste ein. Was nichts anderes bedeutet, als daß die Elemente versuchen, sich durch Auflehnung einer Kontrolle oder Einengung zu entziehen; Holz verletzt also Metall, Wasser verletzt Erde usw.

Doch was geschieht, wenn zwei gleiche Elemente mit unterschiedlicher Zahl aufeinandertreffen? Ihr Verhältnis zueinander ist wie das von Geschwistern; sie haben dieselben Eltern, sind aber unterschiedlichen Geschlechts, nämlich Yin und Yang. Holz 3 etwa ist männlich, also Yang, Holz 4 weiblich, also Yin. Die Energie von Erde 2 ist Yin, Erde 8 hingegen Yang. Metall 6 ist mit seinen drei Yang-Strichen das »yangigste« Element, Metall 7 Yin. Yin und Yang sind zwei einander ergänzende Energien gleichen Ursprungs. Deshalb wird hier hier oft auch vom **Kooperationszyklus** gesprochen, wobei der Begriff nicht ganz korrekt ist, weil es sich ja nicht um einen Kreislauf, sondern eher um eine Wechselbeziehung handelt.

Auf den folgenden Seiten werden wir Ihnen die vier Kreisläufe im einzelnen und die Bruder-Schwester-Beziehung ausführlich darstellen. Es ist äußerst wichtig, die verschiedenen Interaktionsmöglichkeiten der Elemente zu verstehen, weil darauf die Interpretation der verschiedenen Zahlenkombinationen basiert. Aber was bedeutet es nun für Sie, wenn Ihre beiden ersten Zahlen etwa die sechs und die drei sind. Sie können sich die entsprechenden Attribute, Fähigkeiten und Assoziationen aus dem Kapitel über die Typen anschauen und überprüfen, welche davon zu Ihnen passen.

Doch damit wissen Sie noch nicht, warum zum Beispiel Ihre Impulsivität sehr gedämpft ist, Sie einerseits zum Einzelgängertum neigen, andererseits sehr angepaßt wirken und sich plötzlich ohne Begründung gegen jegliche Autorität sperren. Wird Ihnen jedoch klar, daß Ihre Jahreszahl Metall 6 die Monatszahl Holz 3 kontrolliert, bekommen Sie ein Gefühl für zuvor unverständliche eigene Verhaltensweisen.

Das gleiche gilt, wenn die gerade genannten Zahlen jeweils die erste Zahl von zwei Menschen sind, die in einer Partnerschaft zusammenleben. Da fühlt sich der eine (Metall 6) von den ständig sprudelnden Ideen seines Gegenübers (Holz 3) überfahren, weil es ihm nicht gelingt, alles schnell genug zu strukturieren, um mit sich selbst zufrieden zu sein. Umgekehrt fühlt sich der Holz 3-Mensch bereits unter ständiger Überwachung und in seiner Freiheit beschnitten, wenn der Metall 6-Mensch wegen der schlechten Winterverhältnisse besorgt fragt, wann der Holz 3-Mensch denn aus der Stadt zurückkehren wird.

Wissen Sie um die Zyklen und ihre unterschiedlichen Interaktionen, wird Ihnen manches an Ihrem eigenen Verhalten bewußter. Und es fällt Ihnen leichter, ständig wiederkehrende Verhaltensmuster zu erkennen und langfristig zu ändern. Sie gehen mit sich und Ihren Mitmenschen toleranter um und verstehen, warum Sie sich zu bestimmten Menschen mehr hingezogen fühlen als zu anderen.

»Wenn bestimmte innere Zusammenhänge deutlich werden, prägen sie sich unserem Bewußtsein ein und leiten es.«[14]

Wenn Sie also Ihre Schattenseiten bewußt betrachten, begeben Sie sich auf eine Ebene, auf der sie eine neue Einstellung gegenüber Ihrem Leben gewinnen können, mit der Sie alle Ressourcen, die Ihnen zur Verfügung stehen, nutzen können. Die Funktionen des Bewußtseins Denken = Feuer,

Empfinden = Wind, Fühlen = See führen zu absichtslosem Wollen = Erde, und die drei Bereiche Körper = Berg, Geist = Donner und Seele = Wasser sind endlich eins bei vollem Gewahrsein = Himmel: Sie sind in Resonanz mit sich und Ihrer Umwelt.

Der Molekularbiologe Professor Dr. Friedrich Cramer, ehemaliger Direktor am Max-Planck-Institut für Experimentelle Medizin in Göttingen, hat sich sehr intensiv mit dem Thema Resonanz beschäftigt.

Resonanz heißt zurücktönen oder miteinander auf gleicher Wellenlänge schwingen. Die Quantenmechanik hat bewiesen, daß alle stabilen Strukturen in Realität Schwingungen sind. Demnach können »materielle« Strukturen – und wir Menschen sind Materie – miteinander in Resonanz treten. Resonanz ist die Form der Wechselwirkung schlechthin, über die alle raumzeitlichen Strukturen miteinander in Beziehung treten. Damit haben wir einen integrierenden Mechanismus gefunden, der eine ganzheitliche Weltsicht aus wissenschaftlicher Betrachtungsweise möglich macht.

Mann kann die alte Dualismustheorie, die erst von der Quantenphysik wieder aufgegriffen wurde, auf die gesamte Struktur der Welt beziehen: Wenn wirklich alles im Sinne dieses Dualismus nicht nur als Teilchen, sondern gleichzeitig auch als Schwingung aufgefaßt werden kann, dann kann auch alles miteinander in Resonanz treten. Und wenn Sie um die Interaktionen der fünf Elemente wissen, können Sie das Resonanzprinzip für Ihren Entwicklungsprozeß gezielt nutzen.

Resonanz bedeutet, daß Schwingungen in Wechselwirkung treten und sich überlagern. Dabei können sie sich gegenseitig anregen oder auslöschen, sich verstärken oder abschwächen. Resonanz ist der Mechanismus, der die Welt im Innersten zusammenhält. Jedem Chemiker ist bekannt, daß Moleküle durch Resonanz entstehen. Also sind alle stabilen Systeme Überlagerungen von Schwingungen, die in Resonanz stehen.

Nach Cramer sind Wissenschaft und Mystik zwei sich ergänzende Manifestationen des menschlichen Geistes, seiner rationalen und seiner intuitiven Fähigkeiten. Dabei ist es unserem Verständnis nach egal, ob wir diese Schwingungen Chi, Prana oder Od nennen. Diese unsichtbare Energie fließt durch alle Lebensformen. Im menschlichen Körper wird sie in den Meridianen und in den Chakras spürbar, wie aus der Lehre der traditionellen chinesischen Medizin (TCM) bekannt ist.

In dem Wort »Person« steckt der Begriff »son« oder Ton. Das bedeutet, daß Menschen miteinander schwingen und in Resonanz mit ihrer Umwelt sind oder auch nicht. Diese Schwingungszyklen sind oft sehr komplexe, nicht sofort durchschaubare Strukturen. Erst mit viel Übung – wie beim Lernen eines Instrumentes – werden Sie imstande sein, die einzelnen Schwingungen zu analysieren.

Die Kenntnis und die Umsetzung der NineStarKi-Analyse in Verbindung mit der Fünf-Elemente-Lehre ist ein möglicher Weg dorthin. Neuere Untersuchungen haben ergeben, daß auch die Zellen den Transformationen des Fünf-Elemente-Zyklus folgen. Mit dem Wissen um die fünf Transformationsphasen wird Ihr Leben einfacher und gleichzeitig bunter und vielfältiger. Sie haben mehr Verständnis für sich selbst und Ihre Umwelt. Sie lernen sich selbst besser kennen, finden heraus, welche Qualitäten sie stärken können und welche Herausforderungen sie darstellen. Dann können Sie Ihre Schwächen mit mehr Humor akzeptieren.

Der Mensch bewegt sich zwischen Feuer und Wasser, zwischen materieller und geistiger (immaterieller) Welt. Dabei tragen Feuer und Wasser jeweils beide Eigenschaften in sich. Sie gehören als Übergangstore von der einen in die andere Welt zu beiden Bereichen. Der Mensch besteht zu über 70 Prozent aus Wasser. Die meisten Meridiane werden dem Feuer zugeordnet. Wasser gleich Angst ist ein Grundelement des Menschen. Ist dieses Element im Gleichgewicht, bedeutet das Sicherheit und gleichzeitig das Bewußtsein, was reale Gefahr für den Menschen heißt. Feuer gleich Freude: Strahlen wie die Sonne, Feuer und Flamme sein sind positive Aspekte der Freude. Ist dieses Element im Gleichgewicht, kann keine Ängstlichkeit aufkommen und Sorgen währen nur kurz.

Fütterungszyklus

Der Fütterungszyklus oder nährende Kreislauf bewegt sich wie bereits erwähnt im Uhrzeigersinn. Er wird auch als Mutter-Kind-Zyklus bezeichnet, weil jedes Element das darauffolgende nährt.

Die Transformationsphase Holz verwandelt sich in die Transformationsphase Feuer. Die wiederum wird zu Erde. Erde verwandelt sich in Metall, und Metall transformiert sich in Wasser. Der Kreislauf schließt sich mit der Wandlung von Wasser zu Holz, und damit beginnt der Zyklus von vorne, jedoch auf einer anderen Ebene.

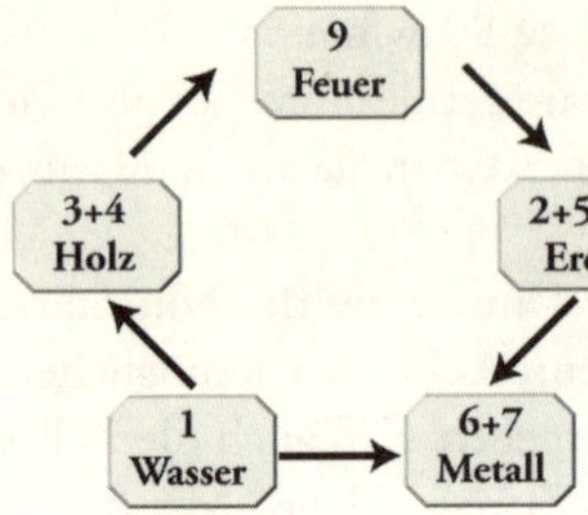

Um die in diesem Kreislauf ablaufenden Vorgänge nachvollziehen zu können, bedarf es einiger Erläuterungen. Holz ist notwendig, um ein Feuer zu entfachen. Wenn das Feuer niederbrennt und erloschen ist, bleibt Asche = Erde übrig. In der Erde sind viele Mineralien enthalten, die bei entsprechender Komprimierung zu Metall werden.

Die Entstehung von Wasser aus Metall ist nicht ganz so leicht nachvollziehbar. Dafür gibt es verschiedene Erklärungen. Wasser kondensiert am Metall. Metall ist in seiner verdichtetsten Form im Erdinneren eine flüssige glühende Masse und deshalb seiner Konsistenz nach mit Wasser vergleichbar. Das Trigramm Himmel ist dem Metall zugeordnet. Von dort kommt der Regen = Wasser, was das Wachstum von Pflanzen und Holz ermöglicht.

Wird sehr viel Holz aufeinandergeschichtet, kann ein Feuer lange und weit sichtbar brennen. Das Abbrennen der Felder, wie es früher auch bei uns üblich war, erzeugt wertvolle Mineralien in der Asche, die, dem Boden zugeführt, die Erde fruchtbar machen. Die Ernährung und Kraftentfaltung eines jeden Elementes hängt von dem vorangegangenen Element ab. Darum wird dieser Zyklus auch nährender Kreislauf oder Fütterungszyklus genannt.[15]

Der nährende Kreislauf läßt sich auch gut analog der Jahreszeiten erklären. Jedes Frühjahr signalisiert einen Neubeginn mit stark nach oben gerichteten Kräften und extremem Wachstum (Holz). Es folgt Blütezeit, Üppigkeit und Hitze des Sommers (Feuer). Das Getreide reift und fällt im Spätsommer zu Boden. Die Erde ist aufnahmebereit und offen für die neue Saat. Der Herbst ist Erntezeit (Metall). Jetzt zeigt sich, was im Frühjahr gesät wurde. Im Winter begibt sich die Natur zur Ruhe (Wasser). Die Energien ziehen sich zurück, um sich langsam auf einen Neubeginn vorzubereiten.

Auch im Bereich der menschlichen Emotionen finden Sie ähnliche Gesetzmäßigkeiten wie in der Natur. So wie im Frühjahr die Natur aufbricht, geht auch der Mensch mehr aus sich heraus. Er schließt neue Bekanntschaften, ist aber auch reizbarer und impulsiver (Donner = Holz). Daraus kann Freude und Übermut entstehen (Feuer). Ist die Freude vorüber, kann Melancholie oder Nachdenklichkeit folgen (Erde), die zu Traurigkeit oder sogar zu Depressionen führen kann (Metall). Eine Folge davon kann ein Gefühl der Einsamkeit und Angst (Wasser) sein.[15]

Erschöpfungszyklus

Verläuft der Kreislauf entgegen dem Uhrzeigersinn, spricht man von einem entziehenden bzw. Erschöpfungszyklus. Die Elemente sind mit einem gierigen Kind vergleichbar, das seiner Mutter ständig Energie entzieht. Dadurch wird die Mutter so geschwächt, daß sie das Kind nicht mehr ernähren kann.

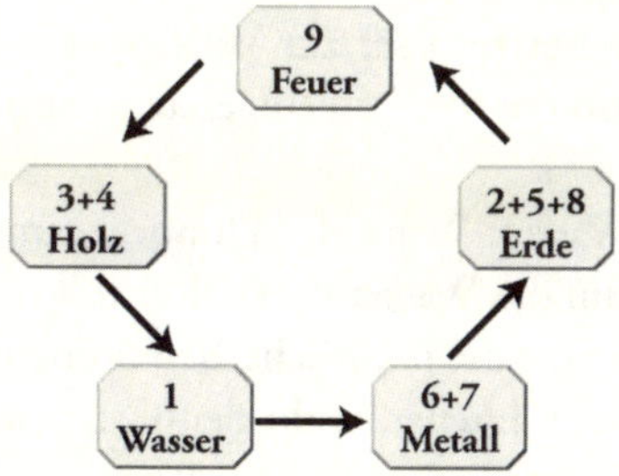

Brennt ein Feuer zu stark und zu heftig, wird das benötigte Brennholz schnell verbraucht sein und das Feuer erlöschen. Entzieht eine Pflanze (Holz) dem Boden zuviel Wasser, wird der Grundwasserspiegel sinken und die Pflanze mangels Wassers absterben. Wasser- und Mineralienmangel (Metall) laugen die Erde aus und machen sie unfruchtbar wie verbrannte Erde. In einer ausgedörrten Natur entstehen oft Brände, doch das Feuer kommt mangels Nahrung rasch wieder zum Erlöschen.

Kontrollzyklus

Um das Gleichgewicht und die energetische Ausgewogenheit innerhalb eines Zyklus zu bewahren, bedarf es eines Kontrollmechanismus. Dieser dritte Kreislauf ist der Kontrollzyklus. In dieser Abfolge wirkt das jeweilige Element im Uhrzeigersinn auf das übernächste ein. Holz kontrolliert Erde, Wasser löscht Feuer usw. Das kann zu den unterschiedlichsten Ergebnissen führen.

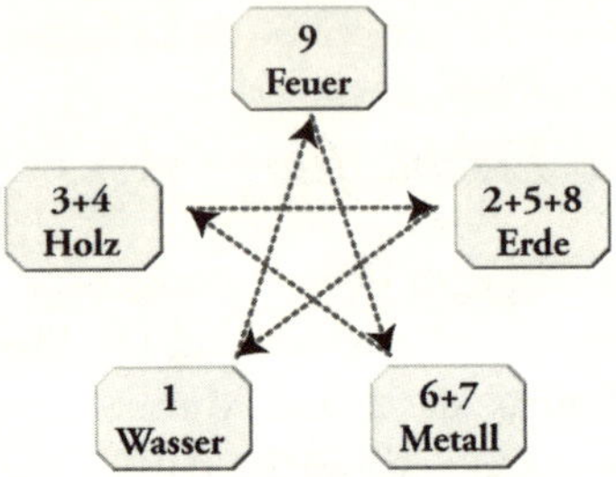

Wasser kontrolliert Feuer: Im Falle eines Hausbrandes ist es wichtig, daß in ausreichender Menge Löschwasser zur Verfügung steht. Wird das Wasser unkontrolliert in zu großen Mengen eingesetzt, können große Wasserschäden entstehen.

Erde kontrolliert Wasser: Wenn der Flußpegel immer höher steigt, bedarf es der Dämme, um das Wasser unter Kontrolle zu halten. Ist die Kontrolle zu rigide und damit die natürliche Bewegung des Wassers stark eingeschränkt, wird dieses schneller, senkt den Grundwasserspiegel und entzieht dem Fluß langfristig die Lebensgrundlage.

Feuer kontrolliert Metall: Damit der Mensch das Metall in der Erde nutzen kann, bedarf es des Feuers, um es zu schmelzen und zu Werkzeugen zu verarbeiten. Ist das Feuer zu groß, verbrennt das Metall.

Metall kontrolliert Holz: Wenn ein Obstbaum zu unkontrolliert wächst, entwickelt er Wassertriebe, die keine Früchte tragen. Dann muß er mit Säge und Baumschere (Metall) in seinem unkontrollierten Wachstum eingeschränkt werden. Wird zu stark beschnitten, braucht der Obstbaum viele Jahre, um sich zu erholen, oder er stirbt ganz ab.

Holz kontrolliert Erde. Durch das Wurzelwerk der Pflanzen (Holz) wird die Erde aufgelockert und fruchtbar gemacht. Ist der Bewuchs so stark, daß eine große Fläche damit bedeckt wird, gibt es kaum noch Platz für fruchtbare Felder. Sterben die Wälder, ist die Erde nicht mehr in der Lage, Feuchtigkeit und Mineralien zu halten.

Verletzungszyklus

Kehrt man die Richtung des Kontrollzyklus um, so ensteht der auflehnende oder Verletzungszyklus. Hier wirkt jedes Element entgegen dem Uhrzeigersinn auf das übernächste Element ein. Das bedeutet, daß die Elemente versuchen, sich durch Auflehnung einer Kontrolle oder Einengung zu entziehen; Holz verletzt also Metall, Wasser verletzt Erde usw.

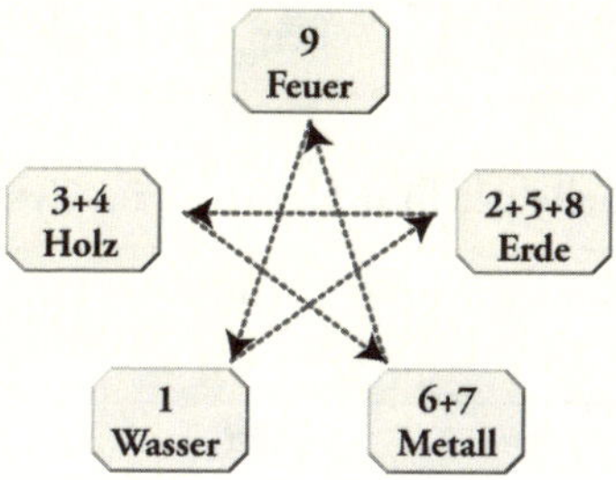

Feuer verletzt Wasser: Ist im Falle eines Hausbrandes das Feuer zu mächtig und nicht genügend Löschwasser vorhanden, kann nicht gelöscht werden, weil das Wasser einfach verdampft. Ist das Feuer unter einem Dampfkessel zu stark, besteht die Gefahr einer Kesselexplosion.

Wasser verletzt Erde: Sind die zu kontrollierenden Wassermengen eines Flusses zum Beispiel bei Schneeschmelze im Quellbereich zu hoch, reißen die Dämme und die Erde wird vom Wasser aufgeweicht und überschwemmt.

Metall verletzt Feuer: Wenn Sie bei der Werkzeugherstellung mit zuwenig Hitze arbeiten, wird sich das Feuer erschöpfen, bevor das Werkzeug hergestellt ist.

Holz verletzt Metall: Wer eine Eiche mit der Laubsäge fällen will, benötigt Hunderte von Sägeblättern, um dann erschöpft festzustellen, daß er kaum etwas ausgerichtet hat. Oder versuchen Sie einmal, einen großen Balken mit zu kleinen Nägeln an einer Wand zu befestigen.

Erde verletzt Holz: Wenn die Erde zu fest und massiv ist, kann keine Pflanze darin Wurzeln schlagen und darauf wachsen.

Kooperationszyklus

Wenn zwei gleiche Elemente mit gleichen oder unterschiedlichen Zahlen aufeinandertreffen, sprechen wir vom Bruder-Schwester-Gesetz oder vom Kooperationszyklus, auch wenn der Begriff nicht ganz korrekt ist, da es sich nicht um einen Kreislauf, sondern vielmehr um eine Wechselbeziehung handelt.

Die unterschiedlichen Ki-Zahlen sind wie Kinder, die zwar dieselben Etern haben, aber unterschiedlichen Geschlechts sind, nämlich Yin und Yang. Holz 3 ist Yang, also männlich, Holz 4 Yin, also weiblich. Die Energie von Erde 2 ist Yin, die von Erde 8 hingegen Yang. Metall 6 mit seinen drei Yang-Strichen ist das »yangigste« Element, Metall 7 Yin. Yin und Yang sind zwei einander ergänzende Energien gleichen Ursprungs.

Tabelle der fünf Elemente im Zyklus

Zyklus	HOLZ 3 • 4	FEUER 9	ERDE 2 • 5 • 8	METALL 6 • 7	WASSER 1
Fütterungs-	fördert FEUER 9	fördert ERDE 2 • 5 • 8	fördert METALL 6 • 7	fördert WASSER 1	fördert HOLZ 3 • 4
Erschöpfungs-	nimmt Energie von WASSER 1	nimmt Energie von HOLZ 3 • 4	nimmt Energie von FEUER 9	nimmt Energie von ERDE 2 • 5 • 8	nimmt Energie von METALL 6 • 7
Kontroll-	kontrolliert ERDE 2 • 5 • 8	kontrolliert METALL 6 • 7	kontrolliert WASSER 1	kontrolliert HOLZ 3 • 4	kontrolliert FEUER 9
Verletzungs-	wird verletzt von ERDE 2 • 5 • 8	wird verletzt von METALL 6 • 7	wird verletzt von WASSER 1	wird verletzt von HOLZ 3 • 4	wird verletzt von FEUER 9
Kooperations-	HOLZ 3 kooperiert mit HOLZ 4	–	ERDE 2 und 5 kooperiert mit ERDE 8	METALL 6 kooperiert mit METALL 7	–

5. Kapitel

Interpretation der Zahlen

Allgemeines zu den verschiedenen Zahlen

Die erste (Jahres-), zweite (Monats-) und dritte (Tendenz-)Zahl – zum Beispiel 3 8 9 – sagen einiges über unsere privaten und geschäftlichen Beziehungen aus. Die vierte Zahl steht für das Haus, in dem sich die Monatszahl zur Zeit der Geburt befand. Ausgehend von den Fünf-Elemente-Kreisläufen können sich diese Zahlenkombinationen an sich oder bezogen auf die Zahlenfolgen anderer Menschen förderlich und energetisierend, kooperierend oder widerstreitend auswirken.

Kooperierend oder wie Bruder und Schwester verhalten sich Zahlen desselben Elementes, also Holz 3 und 4, Erde 2, 5 und 8, Metall 6 und 7. Widerstreitend sind Feuer 9 und Wasser 1 oder auch Metall 6 und Holz 4. Energetisierend wirken Elemente aufeinander, die sich in einem nährenden Kreislauf befinden. Feuer etwa erhält durch Holz Energie, Holz wiederum bekommt Energie durch Wasser usw.

Es kann durchaus sein, daß in einem Unternehmen oder einer Familie mehrere Personen mit derselben Zahlenkombination anzutreffen sind. Wenn Sie diese Menschen betrachten, werden Sie vielleicht feststellen, daß sie trotz gleicher Grundvoraussetzungen nach der NineStarKi-Analyse durchaus recht unterschiedlich sind.

Erst bei genauerem Hinschauen werden Sie Gemeinsamkeiten entsprechend der Jahreszahl nach den neun verschiedenen Grundtypologien entdecken können. Die zweite Zahl ist die große Variable, weil sie für die Jugendzeit steht, in der die unterschiedlichsten Einflüsse auf den Menschen einwirken und ihn formen.

NineStarKi bietet eine Potentialanalyse. Jeder Mensch ist jedoch ein Individuum, auch wenn er dieselbe Zahlenkombination aufweist wie jemand anderes. Nur Sie entscheiden darüber, wie Sie Ihre Anlagen und Potentiale einsetzen.

Interpretation der 1. Zahl (Jahreszahl)

Die erste Zahl, die dem Geburtsjahr zugeordnet wird, sagt einiges über das optimale Potential eines Menschen aus. Doch erst beim Erwachsenen zeigen sich die dem Geburtsjahr zugeordneten Attribute deutlich in seinem äußeren Erscheinungsbild, seinem Verhalten und seinen Einstellungen. Das gilt insbesondere für seine Potentiale, seine Qualitäten und Stärken. Sie werden auch als die »erwachsenen Potentiale« bezeichnet, weil sie erst nach der Reifung (ab ca. dem 19. Lebensjahr) eines Menschen wirklich zum Tragen kommen.

Die Kraft der ersten Zahl ist für Erwachsene deutlich stärker und bestimmender als die der zweiten Zahl. Die erste Zahl kennzeichnet auch den Blickwinkel, aus dem heraus Sie die Dinge betrachten, sowie das Maß Ihrer Selbsterkenntnis und steht laut Bob Sachs auch mit Selbstverwirklichung in Zusammenhang. Die Merkmale der Jahreszahl setzen sich jedoch nicht immer durch. Vor allem dann nicht, wenn die prägenden Umwelteinflüsse aus der Kindheit und Jugend stärker sind als die eigentlichen Potentiale, die in Ihnen schlummern.[16]

Wenn Menschen dieselbe Grundzahl haben, so deutet dies meist auf eine angenehme Verbindung hin. Wenn es sich um eine private Beziehung handelt, kann sie allerdings ein bißchen langweilig sein (wie eine Bruder-Schwester-Beziehung). Besser ist es, wenn die Grundzahlen zweier Menschen im Elementekreislauf einander nähren oder unterstützen. Zum Beispiel nährt Feuer 9 Erde 2, 5 und 8 – Erde 2, 5 und 8 nähren Metall 6 und 7 – Metall 6 und 7 nähren Wasser 1 – Wasser 1 nährt Holz 3 und 4 und, nun schließt sich der Kreis, Holz 3 und 4 nähren Feuer 9.

Eine gegenseitige Anziehung besteht dann, wenn die Zahlen im Bagua einander gegenüberliegen: also Holz 3 und Metall 7, Wasser 1 und Feuer 9, Holz 4 und Metall 6. Obwohl hier ein Kontrollverhältnis besteht, gilt das alte Sprichwort: »Gegensätze ziehen sich an.«

Auch wenn der Einfluß der Jahreszahl beim Erwachsenen relativ konstant zu sein scheint, unterliegt er den jährlich, monatlich und täglich wechselnden Einflüssen – je nachdem, in welchem Haus sie sich gerade befindet. Wie sich dieser Einfluß auswirkt, ist abhängig von der Konstellation entsprechend der Fünf-Elemente-Lehre. Das kann sowohl förderlich als auch hemmend sein. Diesem Einfluß entsprechend geht Ihnen das, was Sie erreichen wollen, manchmal recht leicht von der Hand und ein anderes Mal tun Sie sich ausgesprochen schwer, ohne zu wissen, warum.

Interpretation der 2. Zahl (Monatszahl)

Die 2. oder Monatszahl hat eine ähnlich große Bedeutung wie die Jahreszahl. Sie steht jedoch mehr mit der Zeit der Geburt und den Ereignissen in Kindheit und Jugend in Zusammenhang. In den beiden ersten Neunerzyklen – also bis zum 18. Lebensjahr – dominiert deshalb die Bedeutung der Monatszahl. Sie ist ausschlaggebend für die Reaktion eines Menschen auf seine Umgebung, auf andere Menschen und Ereignisse.

Die Monatszahl steht wie auch die Jahreszahl für bestimmte Fähigkeiten und Potentiale und sagt vor allem einiges darüber aus, wie Menschen sich in Streßsituationen voraussichtlich verhalten. Wenn wir unsere Konditionierungen aus den ersten 18 Lebensjahren erkennen und überwinden, können aus Streßfaktoren Stärken entstehen.

Die Charakteristika der zweiten Zahl werden in der Regel als Schwächen angesehen, das bedeutet jedoch nicht, daß Sie das dort vorhandene positive Potential nicht auch aktivieren könnten. Doch wenn Erwachsene unter Streß stehen, stellen sich oft die negativen Attribute der Monatszahl ein. So erklärt sich manchmal ein völlig kindisches Verhalten von Erwachsenen in Auseinandersetzungen. Wenn das Element des Geburtsmonats durch besondere äußere oder innere Umstände reaktiviert wird, tauchen ungelöste Muster und Verhaltensweisen des »inneren Kindes« auf. Um dem abzuhelfen, gilt es zu erkennen, wie man kindliche und erwachsene Verhaltensmuster harmonisch miteinander vereinen kann. Mit Humor und viel Verständnis für sich selbst können Sie sich Ihre in Ihren Augen kindlichen positiven Potentiale und Verhaltensweisen durchaus zunutze machen und entsprechend aktivieren.

Sind in Beziehungen und Partnerschaft die Gegensätze noch in der gleichen 2. (Monats-)Zahl manifestiert, zum Beispiel bei 1 1 5 und 9 9 5, können die gegenteiligen Elemente so starr auf ihrer Position beharren, daß vielleicht nach anfänglicher starker Anziehung oder guter Zusammenarbeit permanente Probleme entstehen.

Auch wenn die Grundcharaktere verschieden sind, wie etwa bei 1 3 und 9 3 (Feuer und Wasser), kann die gemeinsame Monatszahl – in unserem Beispiel die »3« – fördern, daß man sich gut versteht. Die Monatszahl sagt im allgemeinen sehr viel über die Qualität der Kommunikation miteinander aus. Bei gleicher zweiter Zahl kommuniziert es sich meist leichter.

Da im Zusammenhang mit der Monatszahl häufig der Begriff »Streß« gefallen ist, wollen wir Ihnen an dieser Stelle deutlich machen, was wir darunter verstehen. Streß bedeutet zunächst ganz neutral »Druck« oder »Spannung«. Ohne diese Spannung wäre das Leben langweilig, denn es gäbe weder Erfolgserlebnisse noch Herausforderungen. Wichtig ist jedoch, negativen (Dis-)Streß von positivem (Eu-)Streß wie zum Beispiel Freude, Abenteuer, Herausforderungen, Liebe, Hobbies usw. zu unterscheiden. Der Körper selbst unterscheidet allerdings nicht; er tendiert immer dazu, unter Streß aktiv zu werden. Im Eu-Streß sind Sie generell eher selbstbestimmt, im Dis-Streß eher fremdbestimmt.

Viele Menschen beklagen sich über eine Fremdbestimmung ihres Lebens, Überforderung und ständige Hetze, der sie sich ausgesetzt fühlen. Es läßt sich noch eine Fülle potentieller Streßursachen aufzählen, wie zum Beispiel unzureichende äußere Arbeitsbedingungen, Zeit- und Termindruck, permanente Unterforderung (!), zuviel oder zuwenig Verantwortung oder auch Probleme in privaten oder beruflichen Beziehungen.

Die klassischen Reaktionen auf negativ empfundene Streßsituationen sind Angst, Angriff oder Flucht, Aggression oder Depression, Panik, Gehetztsein, Planlosigkeit, Aussteigen wollen, bisherige Ziele und Werte sowie das traditionelle Rollenverständnis in Fragen stellen.[17] Wenn wir in diesem Buch den Begriff »Streß« verwenden, so meinen wir immer negativen Streß, der Sie ungewollt beeinflußt, egal, ob er von innen oder außen kommt.

Interaktion zwischen Jahres- und Monatszahl

Die erste oder Jahreszahl steht für die Potentiale eines Menschen. Wachstum und Selbstverwirklichung auf allen Ebenen hängen mit dieser Zahl zusammen. Werden die Merkmale nicht sichtbar, kann man auf einen hemmenden inneren oder äußeren Einfluß schließen. Das gilt für alle Formen von Disharmonien – auch Anfälligkeiten und Krankheiten –, die nach der Lehre von den Fünf Elementen mit dieser Zahl assoziiert werden.

Das Potential der zweiten oder Monatszahl ist mehr von der Umwelt abhängig. Deshalb tritt es vor allem unter Streß zum Vorschein. Mißachten wir die Eigenschaften, die mit dieser Zahl assoziiert werden, besonders was Beruf, Einstellung zur Umwelt und besondere Vorlieben betrifft, so kann der Streß oder Druck noch größer werden und langfristig zu körperlichen Beeinträchtigungen oder Krankheiten führen.

Das Potential der Jahreszahl hilft, die richtige Richtung im Leben zu finden und entsprechend zu handeln. Die Monatszahl zeigt auf, wo Sie mehr auf sich selbst achten sollten. Wenn Sie das Zusammenspiel der beiden Zahlen nach den Fünf Elementen verstehen lernen, ist es einfacher für Sie, ein harmonisches und zufriedenes Leben zu führen. Sie sollten also keinesfalls die Monatszahl ignorieren und sich nur nach der Jahreszahl richten.

Das Verhältnis der beiden Zahlen zueinander, ihr Einwirken auf die jeweils andere Zahl und das daraus resultierende menschliche Verhalten werden wir im folgenden ausführlich darstellen. Die Grundlage dafür bilden die im vierten Kapitel beschriebenen Zyklen der Fünf-Elemente-Theorie, insbesondere der Fütterungs- und der Kontrollzyklus. Es gibt Richtlinien und Regeln für die Interaktion zwischen Jahres- und Monatszahl, so wie es allgemeine Aussagen über das Verhalten der Elemente untereinander gibt.

Die Monatszahl kann die Jahreszahl unterstützen, zum Beispiel bei [9] [3] [ ] (Monatszahl Holz 3 unterstützt die Jahreszahl Feuer 9), wie auch die Jahreszahl die Monatszahl unterstützen kann, beispielsweise bei [3] [9] [ ] (Jahreszahl Holz 3 unterstützt die Monatszahl Feuer 9).

Die Monatszahl kann die Jahreszahl kontrollieren; zum Beispiel bei [4] [7] [ ] (Monatszahl Metall 7 kontrolliert die Jahreszahl Holz 4), oder umgekehrt, etwa bei [7] [4] [ ] (Jahreszahl Metall 7 kontrolliert die Monatszahl Holz 4).

Gehören beide Zahlen demselben Element an, zum Beispiel bei [2] [8] [ ], oder sind sie sogar identisch, wie bei [4] [4] [ ] oder [2] [2] [ ], gelten Sonderregeln, die am Schluß diese Kapitels beschrieben werden.

Die Interaktion zwischen Jahres- und Monatszahl sowie zwischen Monatszahl und Haus wurde erstmalig von Bob Sachs Anfang der 90er Jahren beschrieben[16]. Wir haben dieses Wissen seit einigen Jahren in unsere Arbeit mit einbezogen und sind zu ähnlichen bzw. nur geringfügig abweichenden Ergebnissen gekommen, die wir Ihnen im folgenden darlegen werden.

Das Verhältnis zwischen Jahres- und Monatszahl gibt unserer Erfahrung nach Auskunft über das Verhalten eines Menschen gegenüber seiner Umwelt, über hemmende und fördernde innere Einflüsse und letztendlich auch über das Verhalten in Streßsituationen. Über allem steht das Verhältnis zwischen den erwachsenen und kindlichen Potentialen eines Menschen.

a. Monatszahl unterstützt Jahreszahl

9 3	9 4	2 9	5 9
8 9	6 2	6 5	6 8
7 2	7 5	7 8	1 6
1 7	3 1	4 1	

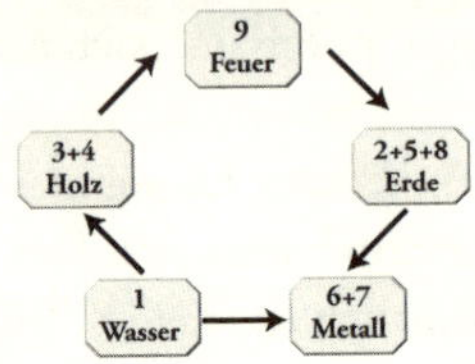

Wenn die Monatszahl die Jahreszahl unterstützt, erscheint der Übergang von der Kindheit zu Adoleszenz und Erwachsensein relativ einfach und unkompliziert. Der Fünf-Elemente-Lehre zufolge reift hier das Kind fast ohne erkennbaren Übergang zum Erwachsenen. Das scheint eine ideale Kombination zu sein, weil die kindlichen Merkmale das Verhalten des Erwachsenen unterstützen und seine Ausdrucksfähigkeit sowie sein Auftreten positiv beeinflussen.

Diese Menschen lernen gewöhnlich schneller und gründlicher als andere aus ihren Erfahrungen. Selbst unter Streß können sie ihre Probleme noch recht gut bewältigen, weil die Qualitäten der Jahreszahl durch die Monatszahl unterstützt und aktiviert werden.

b. Jahreszahl unterstützt Monatszahl

3 9	4 9	9 2	9 5
9 8	2 6	5 6	8 6
2 7	5 7	8 7	6 1
7 1	1 3	1 4	

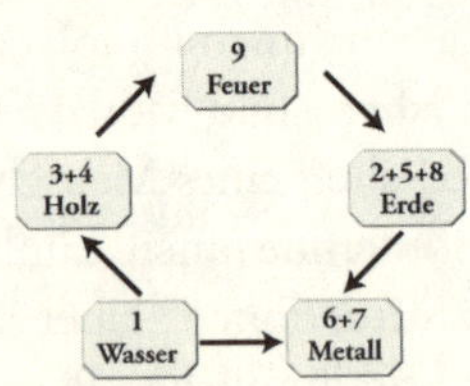

Wenn die Jahreszahl die Monatszahl unterstützt, besteht zwischen den Erfahrungen des Kindes und des Erwachsenen, ähnlich wie oben beschrieben, ein fast nahtloser Übergang. Nur ist es hier genau umgekehrt: Der Erwachsene unterstützt das Kind in sich. Das kann manchmal durchaus förderlich sein. Doch wenn Sie zum Beispiel pausenlos Flüssigkeit in ein Glas hineinfüllen, wird es irgendwann einmal überlaufen. Genauso ist es bei diesen Menschen. Ganz plötzlich machen sich die negativen Merkmale der Monatszahl bemerkbar – besonders unter Streß.

Dann reagieren diese Menschen in Situationen, in denen sie sonst eigentlich klar denken können, nach außen hin unbegründet widersprüchlich oder sogar abweisend. Auf Dauer können die Kräfte der Jahreszahl durch die fortwährende Verstärkung des kindlichen Verhaltens erschöpft werden.

c. Jahreszahl kontrolliert die Monatszahl

3	2		
4	5		
2	1		
6	4		

3	5		
4	8		
5	1		
7	3		

3	8		
9	6		
8	1		
7	4		

4	2		
9	7		
6	3		
1	9		

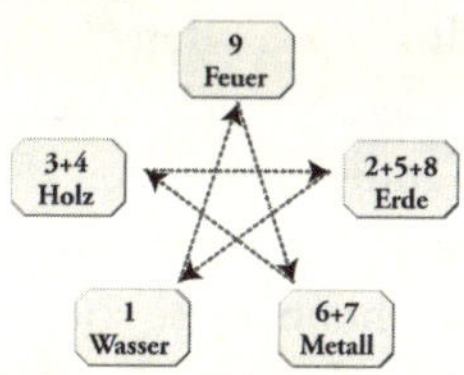

Stellen Sie sich einen Menschen vor, der seine kindlichen Verhaltensweisen, ohne zu diffenzieren, grundsätzlich stark unter Kontrolle hat. Menschen, bei denen die Jahreszahl die Monatszahl kontrolliert, scheinen über enorme Selbstbeherrschung zu verfügen. Das kann zum einen die Impulsivität dämpfen, zum anderen dazu führen, daß diese Menschen viele eigene Bedürfnisse für kindisch oder auch belanglos halten. Diese Verdrängung kann sie zu Einzelgängern oder Sonderlingen machen.

Eins ist sicher: Sie neigen zu Selbstkritik und machen sich übermäßig viele Vorwürfe. Und so führt diese Kombination immer wieder zu Schwierigkeiten, wenn diese Menschen auf Hierarchien oder Autoritäten treffen: Entweder sie ordnen sich unter, oder sie sperren sich völlig dagegen.

d. Monatszahl kontrolliert Jahreszahl

3	6			4	6			3	7			4	7		
9	1			2	3			2	4			5	3		
5	4			8	3			8	4			6	9		
7	9			1	2			1	5			1	8		

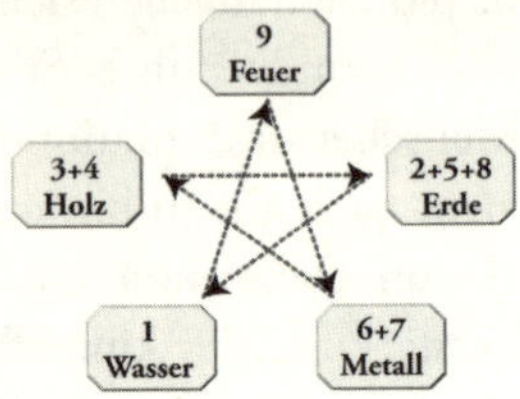

Menschen, bei denen die Monatszahl die Jahreszahl kontrolliert, neigen gegenüber anderen und manchmal auch sich selbst gegenüber zu unerklärlichen Verhaltensweisen. Das Potential ihrer Jahreszahl und die Fähigkeit, mit neuen Situationen umzugehen, werden ständig durch kindliches (kindisches) Verhalten auf die Probe gestellt. Ihre Unabhängigkeit und Bestimmtheit können ins Wanken geraten, weil gelegentlich alte Schwächen und Gewohnheiten zum Vorschein kommen. Ihre Individuation wird unterbrochen oder an der Entfaltung gehindert.

Manchmal übernehmen diese Menschen nur bedingt Verantwortung für ihr Handeln und schieben anderen gern den »Schwarzen Peter« zu. Wenn sie ihre wirklichen Bedürfnisse und Potentiale mit Hilfe der Ausführungen über ihre zweite Zahl herausfinden, diese anerkennen und versuchen, darauf einzugehen, lindern sie den Kontrolldruck auf die Jahreszahl und können freier leben.

e. Monatszahl identisch mit Jahreszahl

1	1			2	2			3	3			4	4		
5	5			6	6			7	7			8	8		
9	9														

Wenn die Monatszahl und die Jahreszahl identisch sind, heißt das, daß beide Zahlen zum Zeitpunkt der Geburt im Haus der Fünf waren. Unabhängig vom eigenen Element in Jahres- und Monatszahl haben daher das Haus der Fünf und auch Erde 5 einen starken Einfluß auf das Leben dieser

Menschen, das von der Kindheit über die Jugend zum Erwachsenendasein gleichmäßig zu verlaufen scheint.

Während andere zu Beginn der Adoleszenz (mit ca. 18 Jahren) oder wenn sie selbständiger werden, ein Gefühl des Übergangs haben, scheint das bei diesen Menschen nicht der Fall zu sein. Alles bleibt so, wie es immer war. Sie haben zum Teil kindliche Verhaltensmuster beibehalten – was sie möglicherweise jugendlicher wirken läßt. Aber Autorität erinnert sie leider immer an das Elternhaus.

Da hier nur ein Element vorhanden ist, scheint es in ihrem Leben an Kontrasten zu fehlen. Darum fällt es ihnen manchmal schwer, andere Standpunkte zu verstehen oder auch nur zu begreifen, daß andere Menschen das Leben nicht so empfinden wie sie. Dann wirken sie nach außen stur, starrsinnig und arrogant. Die Fähigkeiten zur Selbstkritik und zur Auseinandersetzung mit den eigenen »Schattenseiten« sind bei ihnen oft nur schwach ausgeprägt.

Dabei wären ihre Schwächen zugleich ihre Stärken. Nur wenn im Laufe der Zeit das Haus der Fünf dominiert, sind sie besonders unsicher und neigen zu Extremen. Finden diese Menschen ihr Gleichgewicht und wissen um den Zeitenlauf der Elemente, stehen ihnen alle positiven Eigenschaften ihres Elements und die Energie von Erde 5 zur Verfügung.

f. Monatszahl vom gleichen Element, aber nicht identisch

3	4		
2	8		
6	7		

4	3		
8	2		
7	6		

2	5		
5	8		

5	2		
8	5		

Wenn Jahres- und Monatszahl verschieden sind, aber dem gleichen Element angehören, gilt vieles, was über identische Jahres- und Monatszahl gesagt wurde. Da die Zahlen sich jedoch unterscheiden, sind deutliche Yin- und Yang-Aspekte vorhanden. Darum sind solche Menschen nicht nur körperlich robuster, sondern auch flexibler als Menschen, bei denen Monats- und Jahreszahl gleich sind.

Ihr Persönlichkeitsbild wirkt harmonischer. Sie sind fast wie ein Archetyp der Elemente, die Ihre Zahlen symbolisieren, da sie die beiden konträren Aspekte von Yin und Yang harmonisch in sich vereinen. So wirken sie meist viel selbstsicherer als Menschen mit zwei identischen Zahlen.

Mit der Monats- und der Jahreszahl können Sie wesentliche Aussagen über eine Person treffen:

– Jahreselement mit optimalen Potentialen, Stärken und Schwächen
– Monatselement mit kindlichem Verhalten unter Streß und unterstützenden Potentialen
– Verhältnis Jahres- zu Monatszahl entsprechend der Fünf Elemente

Wenn es darum geht, wie sich jemand in der Interaktion mit anderen verhalten wird, ist das im vierten Kapitel näher ausgeführte Wissen um die Fünf Elemente oder Transformationsphasen besonders nützlich.

3. Zahl oder Tendenzzahl

Die dritte Zahl erhalten Sie, wie im zweiten Kapitel erläutert, oder indem Sie ein Bagua mit der Monatszahl in der Mitte aufzeichnen und schauen, auf welchem Platz im Lo Shu-Quadrat sich die Jahreszahl befindet.

Die dritte oder Tendenzzahl steht für Ihr Auftreten nach außen, was möglicherweise Ihrem innersten Wesen nicht immer entspricht. Dies ist vor allen Dingen der Fall, wenn die dritte Zahl im Widerspruch zu den ersten beiden Zahlen steht. Es ist der Blick von außen, wie man Sie anhand Ihres Benehmens, Ihrer äußerlichen Gewohnheiten und Ihrer Aktivitäten sieht und bewertet. Wenn Sie jemand nur ganz kurz kennt, wird er sie so beurteilen, wie die Tendenzzahl vermuten läßt.

Menschen mit gleicher Tendenzzahl haben oft ähnliche Gewohnheiten, Vorlieben und Vorstellungen vom Leben sowie gemeinsame Interessen. Selbst wenn die jeweils erste und zweite Zahl nicht zueinander paßt, kann die dritte Zahl noch Gemeinsamkeiten aufzeigen. Deshalb wird sie bei einigen Autoren unter dem Aspekt der Beziehungsfähigkeit gesehen.

In unserer Praxis haben wir einige wenige Fälle erlebt, in denen Menschen so sehr auf ihr äußeres Abbild fixiert waren, daß sie lediglich den Werten ihrer Tendenzzahl entsprachen. Die Potentiale von Jahres- und Monatszahl äußerten sich kaum, weil die Kombination der verschiedenen Transformationsphasen extrem ungünstig war. In solch einem Fall entscheidet die Außenwelt darüber, wie man zu sein hat, und die eigenen Potentiale werden nur noch im stillen Kämmerlein gelebt.

Die dritte Zahl kann also Anlaß zu Fehlinterpretationen geben, weil sie lediglich erkennen läßt, wie andere Menschen Sie sehen. Die vierte Zahl (Haus), insbesondere in Kombination mit der Monatszahl, sagt einiges über Ihre Kommunikationsfähigkeiten und Ihr Verhalten bei Streß aus.

4. Zahl oder Haus

Das Haus, in dem sich die Monatszahl bei der Geburt befindet, ist besonders wichtig, denn es kommt zu einer Interaktion entsprechend dem jeweiligen Verhältnis der Elemente zueinander. Die Hauptaufgabe des Hauses der Monatszahl oder das Thema sind Lernprozesse oder auch Lebensprobleme, die in regelmäßigen Abständen wiederkehren, bis sie endlich bearbeitet werden. Machen Sie sich die Erfahrungen, die zu den einzelnen Häusern gehören, bewußt, so können Sie sich in Zukunft auf die Besonderheiten, die mit jedem Haus im Verhältnis zu Ihrer Monatszahl verbunden sind, einstellen. Sie wissen dann, was Sie erwartet, und können Ihr Auftreten und ihr Verhalten entsprechend verändern.

Beispiel 1:
1. Dezember 1969 = 4 8 1 9
Hier handelt es sich um einen selbstbeherrschten Holz 4-Typ (Jahreszahl kontrolliert Monatszahl). Er hat die Monatszahl »8« und sollte sich besonders intensiv mit dem Wissen um die Potentiale der »8« und mit dem Haus der Neun, indem er sich bei der Geburt befand, befassen. Es wäre zudem gut, wenn er sich immer wieder mit dem Verhältnis von Jahres- und Monatszahl (Holz 4 und Erde 8) und deren Wechselbeziehungen auseinandersetzen würde.

Auch die Interaktion zwischen Monatszahl und Haus (Haus der Neun nährt Monatszahl Erde 8) sind wichtig für ihn, da letztere besonderen Aufschluß über sein Verhalten in Krisen- und Streßsituationen geben kann. Dieser Mensch tut sich möglicherweise schwer mit der Unabhängigkeit.

Beispiel 2:
19. September 1952 = 3 7 1 9
Dieser Holz 3-Mensch neigt zu Widersprüchen. Er hat die Monatszahl »7» und sollte sich besonders intensiv mit dem Wissen um die Potentiale und Schattenseiten der »7« und mit dem Haus der Neun befassen. Die Beziehung zwischen Jahres- und Monatszahl (Monatszahl kontrolliert Jahreszahl) läßt ihn nur ungern Verantwortung übernehmen.

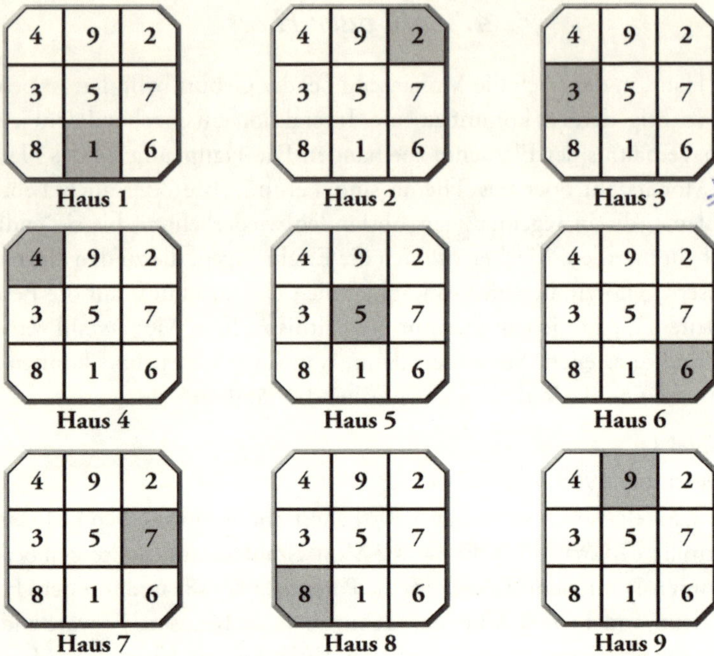

Die Interaktion zwischen Monatszahl und Haus (Haus der Neun kontrolliert Monatszahl Metall 7) ist wichtig für diesen Menschen, da letztere besonderen Aufschluß über sein Verhalten in Krisen- und Streßsituationen geben kann. In diesen Fällen neigt er zur Resignation.

Beispiel 3:

3. Mai 1967 = 6 3 8 2

Diese kreative Metall 6-Person hat die Monatszahl »3» und sollte sich besonders intensiv mit dem Wissen um die Schattenseiten der »3« und mit dem Haus der Zwei befassen. Wichtig ist auch die Relation zwischen Jahres- und Monatszahl (Metall 6 kontrolliert Holz 3). Weiterhin sollte sie sich um die Wechselbeziehung zwischen Monatszahl und Haus (Holz 3 kontrolliert Erde 2) bemühen, da letztere besonderen Aufschluß über ihr Verhalten in Krisen- und Streßsituationen geben kann.

Beispiel 4:

17. Oktober 1959 = 5 3 7 3

Dieser impulsive Erde 5-Typ hat die Monatszahl »3» und sollte sich besonders intensiv mit dem Wissen um die Schattenseiten der »3« und mit dem Haus der Drei befassen. Auch die Relation zwischen Jahres- und Monatszahl (Erde 5 wird von Holz 3 kontrolliert) ist wichtig für ihn. Außerdem sollte er sich mit der Wechselbeziehung zwischen Monatszahl und Haus (Monatszahl und Haus sind gleich) auseinandersetzen, da letztere besonderen Aufschluß über sein Verhalten in Krisen- und Streßsituationen geben kann.

5. Beispiel:

23. Dezember 1918 = 1 7 8 2

Diese eloquente Wasser 1-Führungsperson hat die Monatszahl »7» und sollte sich besonders intensiv mit dem Wissen um die Schattenseiten der »7« und mit dem Haus der Zwei befassen. Die Relation zwischen Jahres- und Monatszahl (Wasser 1 wird von Metall 7 genährt) ist ein wichtiges Thema für sie. Auch die Wechselbeziehung zwischen Monatszahl und Haus (Metall 7 wird von Erde 2 genährt) ist aussagekräftig, letztere kann besonderen Aufschluß über sein Verhalten in Krisen- und Streßsituationen geben.

Mit Hilfe dieser Zahlenkombinationen können Sie weitere Aussagen über eine Person treffen:

- Element des Hauses mit Dauereinfluß aus der Geburtskonstellation
- Monatselement mit kindlichem Verhalten unter Streß
- Verhältnis Haus zu Monatszahl entsprechend der Fünf-Elemente-Lehre

Die Kombination von Haus und Monatszahl zur Zeit Ihrer Geburt hat Ihr ganzes Leben über Einfluß auf Sie. Doch besonders kommt sie in der Kindheit und Jugend sowie beim Erwachsenen unter Streß zum Tragen. Achten Sie auch auf das Haus der Fünf, in dem Sie sich zur Zeit der Geburt mit Ihrer Jahreszahl befanden. Es ist wichtig, die Bedeutung des Hauses der Fünf zu verstehen, weil es sich im Zentrum befindet und entsprechend der zeitlichen Konstellation alle 9 Jahre immer wieder Einfluß auf das Potential Ihrer Jahreszahl nimmt.

»Die Entwicklung eines Menschen ist nie abgeschlossen. Die Aufteilung des Verhältnisses zwischen Genen und Umwelt kann sich stets verschieben. Im Körper sind genetische Anlagen, die erst zu bestimmten Zeitpunkten aktiv werden können – selbst noch im Alter.« (C.G. JUNG)

Interaktion zwischen Monatszahl und vierter Zahl (Haus)

So wie es allgemeine Interpretationsrichtlinien für die Interaktionen der Elemente und das Verhältnis zwischen Jahres- und Monatszahl gibt, können Sie auch eine Aussage darüber treffen, was geschieht, wenn sich Ihre Monatszahl in einem bestimmten Haus befindet. Auch diese Regeln gilt es ähnlich wie die Kombination von Jahres- und Monatszahl zu beachten, egal, wie Ihre Elementezusammensetzung aussehen mag.

Die Konstellation von Monat und Haus ist deshalb wichtig, weil sie fast immer Auskunft über das Verhalten bei Belastungen und Streß gibt. Deshalb ist es ratsam, sich die Interaktion zwischen Haus und Monat besonders bewußt zu machen, um einem möglichen Dauerstreß entgegenwirken zu können.

Bestimmte Faktoren sind latent immer vorhanden, kommen aber besonders dann zum Tragen, wenn die zeitlichen Einflüsse die Kombination noch negativ verstärken oder die Person sich unter extremem äußeren Streß befindet. Machen Sie sich die Merkmale oder Symptome des Hauses, in dem sich die Monatszahl befindet, immer wieder bewußt.

Das Verhältnis zwischen Haus und Monatszahl mag auf den ersten Blick als unveränderbar und extrem schwierig erscheinen, doch es ist durchaus möglich positive Prozesse in die Wege zu leiten. Schwierige Lebensphasen stehen oft mit dem Verhältnis von Monatszahl und Haus in Zusammenhang. Wir möchten Sie dazu ermutigen, durch die Auseinandersetzung mit Ihrer individuellen Kombination aus Monatszahl und Haus Ihr Leben aktiv, achtsam und bewußt zu gestalten.

Unserer Erfahrung nach zeigt das Verhältnis von Haus zu Monat auf, wie ein Mensch mit Problemen und Streßfaktoren, die aus seinem Innersten kommen, umgeht. An diesem Punkt ist es besonders wichtig, sich klar darüber zu werden, daß das Haus einen sehr starken Einfluß auf die Monatszahl hat. Man stelle sich vor, daß das jeweilige Haus des Geburtsmonats das neugeborene Kind mit seiner Energie mächtig und kraftvoll empfängt und beeinflußt. Das ist ein bleibender Eindruck, der sich ohne das Bewußtsein darüber kaum abmildern oder verhindern läßt. Der Einfluß dieses Hauses, der Sie ein Leben lang begleitet, hält Sie in einem ständigen Lernprozeß.

a. Monatszahl ernährt das Haus

3	9	4	9	9	2	9	5
9	8	2	6	2	7	5	6
5	7	8	6	8	7	6	1
7	1	1	3	1	4		

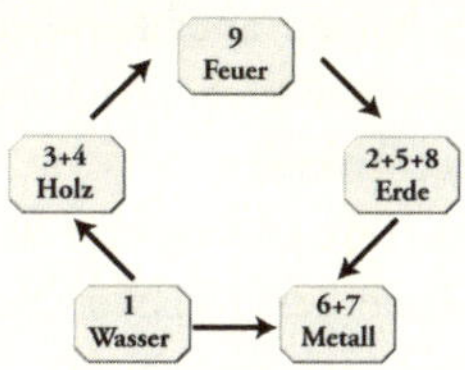

Wenn die Monatszahl das Haus, in dem sie sich befindet, ernährt oder fördert, werden der Monatszahl ständig Kräfte entzogen. Und dagegen wehrt sich das »Kind im Erwachsenen« und ist übervorsichtig und empfindlich.

Menschen mit solch einer Zahlenfolge sind vorsichtig, wachsam und überkritisch gegenüber ihren Mitmenschen. Sie wirken manchmal ein wenig autoritär und selbstherrlich. Sie müssen die Eltern in sich (Über-Ich) immer wieder davon überzeugen, daß sie schon erwachsen sind. Gleichzeitig haben sie eine hohe Erwartungshaltung und erleben Freude und Enttäuschung intensiver als andere Menschen.

Empfehlung: Weniger (selbst-)kritisch sein und die Erwartungen nicht zu hoch schrauben.

b. Haus ernährt die Monatszahl

3	1	4	1	9	3	9	4
2	9	5	9	8	9	6	2
6	5	6	8	7	2	7	5
7	8	1	6	1	7		

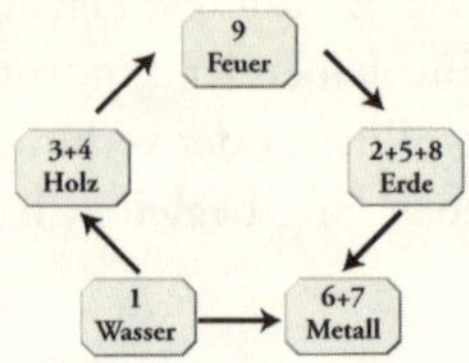

Wenn das Haus die Monatszahl nährt, kann das einen Menschen sehr bequem machen. Es fällt ihm schwer, alte Verhaltensmuster zu überwinden und loszulassen. So wie ein Kind, das sich aus Bequemlichkeit nicht vom Elternhaus oder von Autoritäten zu lösen vermag.

Solche Menschen sind mit ihrem Leben mehr oder weniger zufrieden und wirken manchmal lethargisch. Dann wieder jammern sie, wie schwer sie es im Leben hätten. Sie haben aber kaum eigenen Antrieb, etwas zu ändern. Sie setzen sich erst in Bewegung, wenn sie durch äußere oder innere Umstände dazu gezwungen werden.

Empfehlung: Erste Schritte der Änderung frühzeitig einleiten, um den Leidensdruck nicht zu groß werden zu lassen.

c. Monatszahl kontrolliert das Haus

	3		2		3		5		3		8		4		2
	4		5		4		8		9		6		9		7
	2		1		5		1		8		1		6		3
	6		4		7		3		7		4		1		9

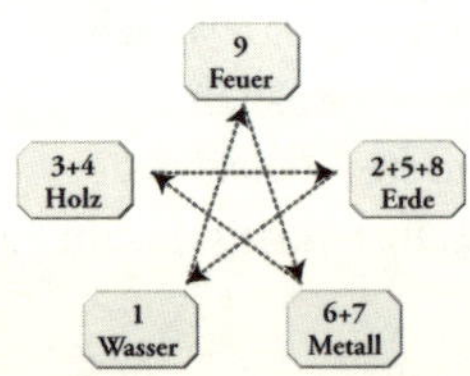

In diesem Fall wird die Monatszahl, die eigentlich die Kontrolle haben sollte, durch die Übermacht des Hauses blockiert. Die Monatszahl mag sich deshalb wie gefangen fühlen und versucht immer wieder, sich aus dieser Umklammerung zu befreien. Das ist genauso, wie wenn Eltern ihr Kind nicht loslassen können und es so in seiner Entwicklung behindern.

Diese Menschen können, besonders wenn unter Streß die kindliche Monatszahl aktiviert wird, zu Aufmüpfigkeit und zum Widerspruch neigen. Auch glauben sie, sich ständig behaupten zu müssen, selbst wenn das nicht den äußeren Umständen entspricht. Reagieren sie dann mit Widerspruch oder abweisend, liegt dies an den noch nicht bewußtgemachten inneren Vorgängen.

Empfehlung: Nach innen schauen und sich durch Bewußtmachung der Situation befreien.

d. Haus kontrolliert die Monatszahl

	3		6		3		7		4		6		4		7
	9		1		2		3		2		4		5		3
	5		4		8		3		8		4		6		9
	7		9		1		2		1		5		1		8

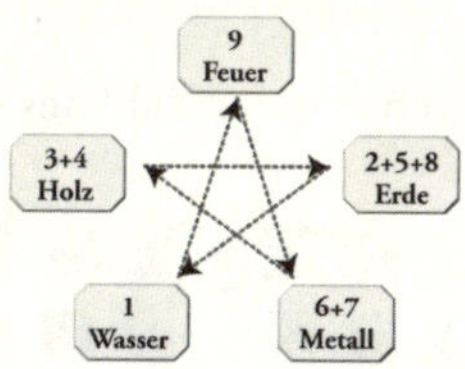

Befindet sich die Monatszahl in einem Haus, von dem sie kontrolliert wird, fühlen sich diese Menschen wie ein eingesperrtes Kind. Das Kind versucht erst gar nicht, sich zu befreien, sondern resigniert.

Menschen mit dieser Zahlenkombination wünschen sich zwar auch, frei zu sein, neigen unter Streß jedoch zur Resignation. Sie verspüren oft einen inneren Groll und sind verstimmt, unternehmen aber letztendlich doch nichts, um etwas an ihrer Situation zu verändern. Für sie stellen sich die Gegebenheiten als ein unüberwindbares Hindernis dar.

Empfehlung: Reflektieren Sie, ob die empfindliche Überreaktion wirklich den tatsächlichen Gegebenheiten entspricht. Wenn sich trotz allem ein Gefühl der Resignation einstellt, sollten Sie sich bei einem Außenstehenden Rat holen.

e. Monatszahl identisch mit der Zahl des Hauses

	1		1		2		2		3		3		4		4
	5		5		6		6		7		7		8		8
	9		9												

Wenn die Monatszahl in dem Haus wohnt, das mit ihrer Zahl identisch ist, ist die Jahreszahl grundsätzlich »Erde 5«. Solche Menschen sind in der Regel gern im Zentrum des Geschehens und haben die Fähigkeit, auf ihrem Gebiet Höchstleistungen zu vollbringen. Sie können zu Extremen neigen und sind sehr labil. Auch eine Tendenz zu manipulativem Verhalten ist möglich.

Zudem gelten die Regeln für das Verhältnis von Jahres- und Monatszahl, nur unter Streß kann ein extremes Verhalten stärker zum Vorschein kommen. Das liegt daran, daß das Element der Monatszahl, verstärkt durch die gleiche Zahl des Hauses, unterstützend, kräftebindend, kontrollierend oder verletzend auf die Jahreszahl einwirkt.

Empfehlung: Aufgrund ihrer komplexen Persönlichkeit ist es für diese Menschen besonders wichtig, in ihrer Mitte zu bleiben.

f. Monatszahl nicht identisch,mit der Zahl des Hauses, aber dem gleichen Element angehörig

	2		5		2		8		3		4		4		3
	5		2		5		8		6		7		7		6
	8		2		8		5								

Befindet sich die Monatszahl in einem Haus, das mit ihrem eigenen Element identisch ist, jedoch nicht identisch mit der Monatszahl, sind die Energien des Hauses entweder mehr Yin oder mehr Yang als die der Monatszahl. Das wirkt ausgleichend und abmildernd.

Solche Menschen treten locker, entspannt und sehr umgänglich auf und sind wahre Lebenskünstler, wenn nicht das Verhältnis der Jahres- zur Monatszahl extrem entgegenwirkt. Sind sie mit einer Gegebenheit nicht einverstanden, finden sie sich zunächst damit ab, um dann auf ihre ruhige Art die Situation zu klären. Es gibt gewisse Parallelen dazu, wenn Monatszahl und Jahreszahl vom gleichen Element sind, aber nicht die gleiche Zahl haben.

Diese Kombination haben wir bei Erde-Menschen häufig, bei Metall-Menschen und bei Holz-Menschen gelegentlich gefunden. Bei Wasser- und Feuer-Menschen ist diese Zahlenkombination nicht möglich.

Die neun Häuser

Bei der Darstellung der neun Häuser halten wir uns an die Grundlage der Beschreibungen von Bob Sachs[16] , haben diese jedoch unseren Erfahrungen entsprechend variiert. Das jeweilige Haus finden Sie wie bereits mehrfach erwähnt im Lo Shu-Quadrat mit der »5« in der Mitte. Das möchten wir Ihnen an einem Beispiel deutlich machen.

8	4	6
7	9	2
3	5	1

Das Jahr 2000 ist ein Feuer 9-Jahr, wie Sie der Tabelle im zweiten Kapitel, Seite 24, entnehmen können. Wenn Sie sich das entsprechende Bagua mit der »9» in der Mitte aufzeichnen, brauchen sie nur zu schauen, in welchem Feld oder Haus sich Ihre Jahreszahl befindet. Nehmen Sie das Beispiel mit der Zahlenfolge 4 8 1 9. Das macht deutlich, daß sich der Holz 4-Mensch im Feuer-Jahr 2000 mit seiner Jahreszahl im Haus der Neun befindet. (Zur Erinnerung: Das Haus wird immer über das Lo Shu-Quadrat mit der »5« in der Mitte bestimmt.) Auf den folgenden Seiten werden wir Ihnen die Häuser ausführlich beschreiben.

Die Folge der neun Häuser ist ähnlich wie der Wechsel von einer Jahreszeit zur anderen. Da jede Zahl und jedes Haus eine Wandlungsphase symbolisieren, entsteht auf diese Weise ein Gemisch von Eigenschaften, das einmal eher günstig, ein anderes Mal eher hinderlich für Sie sein kann.

Ein weiteres Beispiel:

8	4	6
7	9	2
3	5	1

Ein Metall 6-Mensch befindet sich in einem Feuerjahr im Haus der »Zwei«. Das bedeutet für ihn, daß alles ruhiger und langsamer vonstatten geht (Erde 2). Es ist eine Zeit, um angefangene Projekte zu beenden und Raum zu schaffen, damit Neues entstehen kann. Gleichzeitig wirkt das Feuer-Jahr auf diesen Menschen ein (Feuer kontrolliert Metall), so daß er vorsichtig agieren muß, um nicht verbrannt zu werden. Ist seine Metall 7-Partnerin (Metall 6 und 7 kooperieren miteinander), mit der er sich aufgrund der Elementekonstellation ansonsten gut versteht, in diesem Jahr sehr impulsiv, sprunghaft und voller neuer Ideen, liegt dies am Haus der Drei, in dem sie sich in diesem Jahr befindet.

Es könnte also nützlich sein, die Merkmale oder Symptome des Hauses zu betrachten, in dem sich die Jahreszahl befindet, denn es macht Ihnen deutlich, daß auch Sie zeitlichen Einflüssen unterliegen. Jedes Jahr und jeder Monat steht immer wieder aufs neue unter dem Einfluß eines Hauses. Bitte verwechseln Sie jedoch nicht die Häuser des NineStarKi mit denen der westlichen Astrologie.

Lesen Sie nun die Beschreibungen der neun Häuser sorgfältig durch. Danach berechnen Sie das derzeitige Jahr und den Monat. Nehmen Sie folgendes Beispiel als Muster:

November 2000 = Erde 5-Monat in einem Feuer 9-Jahr. Schauen Sie unter Haus der Fünf und Haus der Neun in den nachfolgenden Beschreibungen, mit welchen Attributen die Zeit beschrieben wird. Vergleichen Sie Ihre Wahrnehmungen und Empfindungen mit dem Beschriebenen.

Wenn Sie wissen wollen, in welchem Haus Sie sich momentan befinden, bestimmen Sie analog der beiden obigen Beispiele Ihr individuelles Haus, dann lesen Sie die entsprechenden Beschreibungen der Häuser. Danach können Sie anhand der Fünf-Elemente-Lehre feststellen, ob das Haus des Jahres oder Monats eher förderlich oder hinderlich für Sie ist. Das Jahr hat im Vergleich zum Monat einen stärkeren und länger anhaltenden Einfluß.

1

Haus der Eins

Das Haus von Wasser 1 ist das Haus des Winters und des Nordens. Wie die Jahreszeit zeigt, handelt es sich um eine lichtarme Zeit. Die Natur hat sich zurückgezogen, und viele Tiere halten Winterschlaf. Das bedeutet nichts anderes, als daß sich auch der Mensch in seinen Aktivitäten zurücknehmen sollte, um neue Energien zu sammeln. Überaktivität könnte zu rascher Erschöpfung führen. In unserer heutigen Zeit wird im Winter oft mehr gearbeitet als im Sommer, was im völligen Widerspruch zu den Bedürfnissen des menschlichen Körpers steht.

Wenn Sie sich mit Ihren Zahlen in diesem Haus befinden, sollten Sie sich mehr Ruhepausen als sonst gönnen. Indem Sie meditieren und über sich selbst und Ihr Leben reflektieren, schaffen Sie sich eine gute Basis, von der aus Sie verstärkt nach außen treten können. Genießen Sie auch die Ruhe dieses Hauses, um anschließend besser und leichter »in Fluß kommen« zu können.

Alle neun Jahre befinden Sie sich für zwölf Monate in diesem Haus. Wenn Sie sich das Haus der Eins bewußt machen, können Sie daraus folgern, daß dies keine Zeit ist, um Neuerungen sofort in die Tat umzusetzen. Im Gegenteil, es ist eine Zeit des Loslassens, der Planungen und der Anfang kreativer Prozesse.

Im Feng Shui wird dieser Bereich auch mit »Freiheit, das zu tun, was man gerne möchte« oder auch »Bewegung ins Leben bringen« assoziiert. Das muß natürlich geplant und vorbereitet werden. Dafür ist das Haus der Eins ideal. Also warten Sie besser, bis Sie das Haus der Eins verlassen haben, ehe Sie sich auf neue Ideen und Abenteuer stürzen.

Wenn Sie in diesem Jahr weniger erreichen als sonst, kann sich natürlich Ihre finanzielle Lage verschlechtern – also seien Sie zurückhaltend mit Ausgaben. Mit diesem Wissen um das Haus der Eins können Sie sich auf solch eine Periode vorbereiten. Menschen in früheren Zeiten haben sich auf den Winter mit Einlagerung und Füllen der Speicher eingestellt und entsprechend vorgesorgt.

Das Haus der Eins steht auch für Einsamkeit, Isolation und Rückzug. Wenn weniger Freunde und Bekannte zu Besuch kommen, mag das daran liegen, daß Sie im Haus der Eins nicht so greifbar sind und deshalb rätselhafter erscheinen. Die Menschen um Sie herum wissen jetzt nicht, woran sie mit Ihnen sind. Ihre Intuition ist jedoch sehr stark, und Sie sehen manches viel klarer. Unter Streß können Sie eine extreme Sensibilität und Dünnhäutigkeit entwickeln. Sie wirken dann ängstlicher und empfinden das Weltgeschehen als viel bedrohlicher als sonst.

Empfehlung: Menschen mit den Zahlen 9, 2, 5 und 8 müssen in diesem Haus besonders achtsam sein, um ihre seelischen Kräfte nicht zu erschöpfen, weil Sie sich in einem Kontrollverhältnis zum Haus der Eins befinden.

2

Haus der Zwei

Das Haus der Erde 2 ist bezogen auf die Jahreszeiten der Spätsommer. Es kann noch sehr heiß werden, und die Natur scheint reglos und still zu ruhen. Es ist auch die Stunde des Pan, in der jede größere Bewegung von Übel ist. Wenn Sie sich in diesem Haus befinden, bleibt noch ein Rest der Stagnation aus dem Haus der Eins bestehen. Wenig Aufregendes geschieht, und Ihre Anstrengungen und Bemühungen, etwas zu erreichen, stoßen nur auf wenig Resonanz.

Auch auf materieller Ebene scheinen Sie nur mäßigen Erfolg zu haben, und es kann das Gefühl entstehen, mit den eigenen Plänen und Absichten allein in der Welt zu stehen. Das ist im Haus der Zwei ganz normal. Wenn Sie umfangreichere Projekte planen, sollten Sie sich Zeit mit der Umsetzung lassen. Sie sollten sich jetzt um die Finanzierung Ihrer Vorhaben kümmern, Sponsoren und Verbündete suchen. Denken Sie daran, daß die Zwei im Feng Shui für »Beziehungen«, »Partnerschaft« und auch für »Kontakte und Austausch« steht.

Hüten Sie sich, wenn Sie sich in diesem Haus befinden, vor oberflächlichem Geschwätz, und bleiben Sie bescheiden, zurückhaltend und offen für andere. Wenn Sie in diesem Haus sind, können andere Sie eher für oberflächlich halten. Auch machen Sie sich möglicherweise mehr Sorgen als sonst. Vielleicht mischen Sie sich jetzt auch gerne in fremde Angelegenheiten ein. Das alles könnte potentielle Interessenten und Verbündete eher abschrecken.

Empfehlung: Menschen mit den Zahlen 1, 3 und 4 müssen in diesem Haus vorsichtig und achtsam auftreten und sich eher vom unbeabsichtigten Wollen denn vom egoistischen Willen leiten lassen, weil Sie sich in einem Kontrollverhältnis zum Haus der Zwei befinden.

3

Haus der Drei

Das Haus Holz 3 hat die Macht und Energie des Frühlings. Sonnenaufgang, früher Morgen und rasch aufsteigende Energie sind weitere Assoziationen zu diesem Haus. Menschen, die sich im Haus der Drei befinden, sind voller Ideen und scheinen die Kraft zu haben, auch große Vorhaben endlich verwirklichen zu können. Dieses Haus fördert die Kreativität, die allerdings mit einem gewissen Mangel an Objektivität einhergehen kann.

Die Stagnation der vorangegangenen zwei Jahre ist vorüber. Nutzen Sie den jetzt aufkommenden Enthusiasmus für die Umsetzung Ihrer Pläne und Ideen. Aber da Ihr Geist im Haus der Drei so unruhig und hyperaktiv ist, übersehen Sie möglicherweise leicht kleine, aber wichtige Einzelheiten. Sie können durchaus die ersten Schritte einer Umsetzung Ihrer hochfliegenden Pläne erfolgreich durchführen, doch genauso können Sie auch sehr leicht »auf die Nase fallen«.

Wenn Sie sich im Haus der Drei befinden, wollen Sie agieren und unbedingt weiterkommen. Hindernisse mögen Enttäuschung und Wutausbrüche auslösen. Auch wenn Sie sonst die Ruhe selbst sind, wollen Sie jetzt kaum innehalten. Ihre Stimme wird lauter, Ihre Worte werden deutlicher, körperliche Aktivität nimmt zu. Das zugehörige Trigramm Donner symbolisiert eine kraftvolle, dynamisch aufsteigende Energie, die für Erneuerung, Befreiung, Entfaltung, Begeisterung, Impulsivität und Heftigkeit steht.

Empfehlung: Menschen mit den Zahlen 2, 5, 6, 7 und 8 sollten in diesem Haus besonders vorsichtig und achtsam agieren und ihre geistigen Potentiale sehr bewußt einsetzen, weil sich sich in einem Kontrollverhältnis zum Haus der Drei befinden.

4

Haus der Vier

Im Haus Holz 4 scheinen frühere Bemühungen endlich greifbare Ergebnisse zu bringen. Alles, was Sie jetzt unternehmen, geht Ihnen leicht von der Hand. Sie sollten sich nun besser auf nur eine Sache konzentrieren, alles gut durchdenken und nur dann handeln, wenn es auch angebracht ist. Beachten Sie die immer noch vorhandene Holz-Neigung zu impulsiven Handlungen. Das könnte einen Erfolg schon in den ersten Ansätzen vorzeitig vereiteln.

Das Haus der Vier hat die Qualitäten, in der Verbindung mit den Planungsstadien der Häuser Eins und Zwei und dem Enthusiasmus aus dem Haus der Drei auch schwierige Vorhaben und Aktionen recht schnell und erfolgreich umsetzen zu können. Aber genausoschnell kann Sie jetzt ihre Vergangenheit einholen, wenn Sie in den Häusern davor im Widerspruch zu den dort vorhandenen Energien gelebt und gehandelt haben.

Im Haus der Vier können Sie besser mit Menschen umgehen und Ihre Stimme oder die Medien wirkungsvoll einsetzen (Wind als göttliche Botschaft). Sie scheinen alles richtig zu empfinden, aber bleiben Sie ehrlich mit sich und Ihrer Umwelt. In diesem Haus haben Sie ein gutes Gespür für das Machbare und die Fähigkeit, verborgenes Wissen ans Licht zu bringen. Sie sind jetzt der geborene Vermittler, weil andere Menschen Ihnen gerne vertrauen.

Bleiben sie auf eine Sache konzentriert. Wenn zuviel von außen auf sie einstürmt (Wind), ist die Gefahr der Verwirrung und Verzettelung sehr groß. Ändern Sie Ihre Meinung zu schnell, bringt das Ihr Umfeld ebenfalls in Verwirrung. Um sich bei aller Aktivität selbst wohl zu fühlen und weiterhin Zugang zu Ihrem Inneren zu finden, brauchen Sie in dem Haus der Vier Sauberkeit, eine ruhige Atmosphäre und ihre eigene Ordnung. Zudem sind Standhaftigkeit, Stabilität und die Regeneration der an sich vitalen Kräfte notwendig.

Empfehlung: Menschen mit den Zahlen 2, 5, 6, 7 und 8 sollten in diesem Haus besonders achtsam handeln und sich ihrer Empfindsamkeit bewußt sein, weil Sie sich in einem Kontrollverhältnis zum Haus der Vier befinden.

5

Das Haus der Fünf

Das Haus der Erde 5 hat einen starken Einfluß auf alle Menschen, weil jeder in diesem Haus geboren wurde. Sie sollten sich also der Macht dieses Hauses auf Ihre Jahres- und Monatszahl sehr bewußt sein. Dieses Haus befindet sich in der Mitte des Lo Shu und vereinigt die Extreme von Yin und Yang. Da sich alle Energien in der Mitte konzentrieren und auch von dort wieder wegstreben, nimmt das Haus der Fünf eine besondere Stellung ein.

Es besitzt in hohem Maße sowohl schöpferische als auch zerstörerische Fähigkeiten. Das Haus der Fünf wird gern als ein Haus der Gefahr, der verführerischen Mächte und des Aufbegehrens bezeichnet. Es ist ein Haus, das gleichzeitig Glück und Unglück bringen kann. Was hier geschieht, scheint nicht vorhersehbar zu sein und hat eine fast karmische Qualität.

Bei näherer Betrachtung stellen sich jedoch die Vorgänge, die Ihnen im Haus der Fünf wiederfahren, als Ergebnis Ihres Lebens und Handelns der vergangenen Jahre dar. Wer also Sturm gesät hat, wird ihn jetzt ernten. Was bereits ansatzweise im Haus der Vier deutlich wurde, kommt jetzt wirklich zum Tragen, entweder mit positiven oder negativen Folgen. Sie werden an den vergangenen Jahren gemessen.

Wenn Sie sich in dieser Zeit ganz bewußt machen, in welchem Verhältnis sich die Wandlungsphase Ihres Geburtsjahres oder -monats zur Erde-Energie des Hauses befindet, können Sie das an sich heikle Gleichgewicht zwischen ausdehnenden und sich zusammenziehenden Kräften besser erreichen. Es machen sich Merkmale des Hauses der Fünf, je nachdem wie das Verhältnis zu Ihrer Zahl ist (kooperierend, fördernd oder kontrollierend), deutlich bemerkbar.

Um das zwiespältige Potential des Hauses der Fünf immer im Gleichgewicht halten zu können, ist es in dieser Zeit besonders wichtig, den Weg in die eigene Mitte zu finden und den Geist zur Ruhe zu bringen und nicht immer in Aktion zu treten. Darüber hinaus ist Zuhören können jetzt von großer Bedeutung. Diese Zeit ist eine besondere Herausforderung für alle Menschen: draußen in der Welt zu leben und gleichzeitig auf sich selbst zu achten.

Um die Fähigkeiten und Ressourcen der Jahreszahl zu verwirklichen, sollten Sie sich möglicherweise einige Merkmale des Hauses der Fünf zu eigen machen. Alle neun Jahre, wenn sich alle Zahlen in ihrem ursprünglichen Haus befinden, werden Sie mit Ihren eigenen Potentialen konfrontiert. Gerade dann sollten Sie Rücksicht auf Ihre Bedürfnisse nehmen und Kraft aus der Wechselbeziehung zwischen Ihrem Element und dem Haus der Fünf ziehen.

Es ist ratsam, wenn Sie sich im Haus der Fünf befinden, über die Vergangenheit zu reflektieren, das Geschehene zu akzeptieren, um Konsequenzen daraus zu ziehen und ein möglicherweise anderes Denken und Handeln herbeizuführen. Das Haus der Fünf ist keine Zeit der großen Aktionen und Bewegungen. Sie sollten auch keine großen Reisen unternehmen oder versuchen, Ihr Leben plötzlich zu ändern. Selbst wenn Sie das Gefühl haben und dazu neigen, hektisch und aktiv sein zu müssen, bleiben Sie gelassen und gönnen Sie sich die Zeit, sich auf sich selbst zu besinnen. Ein Zwischenziel ist erreicht zwischen den Häusern Eins, Zwei, Drei und Vier und den folgenden vier Häusern Sechs, Sieben, Acht und Neun.

Robert Sachs zufolge hat nach der Jahreszahl die Monatszahl im Haus der Fünf den größten Einfluß auf Dinge, die aus dem tiefsten Inneren emporsteigen. Überprüfen Sie, wie Sie damit im Außen zurechtkommen. Auch hier lohnt es sich, über die Aspekte des Lebens nachzudenken. Selbst wenn sich die Monatszahl im Haus der Fünf befindet, sollten Sie nur planen, aber nicht handeln. Reisen könnten anstrengend werden und zu möglichen Störungen führen.

Empfehlung: Menschen mit den Zahlen 1, 3 und 4 sollten in diesem Haus besonders vorsichtig und achtsam sein, nicht immer direkt in Aktion treten und in ihrer Mitte bleiben, weil Sie sich in einem Kontrollverhältnis zum Haus der Fünf befinden.

6

Haus der Sechs

Im Haus Metall 6 machen sich die Mühen der vergangenen Jahre im Zyklus bezahlt. Ihr Verantwortungs- und Pflichtgefühl ist in diesem Haus sehr ausgeprägt. Struktur und Ordnung sind in dieser Zeit wichtig für Sie. Nutzen Sie die Gelegenheiten, die sich Ihnen bieten, aber gehen Sie mit Ihren Kräften haushälterisch um. Denn in diesem Haus arbeiten Sie hart und zielbewußt, sehen weder nach links noch nach rechts und tendieren zur Selbstausbeutung.

Das Thema Macht ist in diesem Haus besonders zentral. Deshalb sollten Sie darauf achten, nicht als stolz, unnahbar, arrogant oder hochmütig zu erscheinen. Denken Sie im Gegenteil daran, die Wünsche Ihrer Mitmenschen anzuhören und zu berücksichtigen. Ein Merkmal des Hauses der Sechs ist nämlich fehlende Flexibilität. Wenn Sie Ihre Führungsqualitäten einfühlsam und flexibel umsetzen, werden Sie jeder Situation gewachsen bleiben.

Auch wenn es Ihnen leicht zu fallen scheint, Ihr äußerliches Leben zu meistern, und Sie die Dinge vermeintlich im Griff haben, denken Sie daran, daß die Hochphase des Hauses der Sechs zeitlich begrenzt ist. Die Gefahr, übermütig zu werden und sich auf seinen Lorbeeren auszuruhen, ist gegeben. Im Haus der Sechs sollten Sie durchaus Vertrauen in die eigenen Fähigkeiten haben, ohne dabei überheblich zu werden. Stehen Sie zu Ihren Qualitäten, aber prahlen Sie nicht damit. Bleiben Sie offen für Ihre Gefühle und die Sensibilität anderer.

Empfehlung: Menschen mit den Zahlen 3, 4 und 9 sollten in diesem Haus besonders verstärkt ihrer eigenen Persönlichkeit gewahr werden, Zugang zu den eigenen Gefühlen finden, flexibel in den eigenen Überzeugungen bleiben und Verständnis für die Sensibilität anderer zeigen, weil sie sich in einem Kontrollverhältnis zum Haus der Sechs befinden.

7

Haus der Sieben

Das Haus Metall 7 ist wie eine große Scheune, die nur darauf wartet, mit der eingesammelten Ernte gefüllt zu werden. Es ist die Zeit der Reife, und es scheint Ihnen vieles ohne große Mühe zu gelingen. Genießen Sie Ihren Erfolg, aber bleiben Sie realistisch und »auf dem Teppich«. Was Sie jetzt erreicht haben, entspringt aus der Arbeit und Mühe vorangegangener Jahre. Gehen Sie nicht leichtfertig mit Ihren Erfolgen um, sonst können Sie alles wieder verlieren, denn »wie gewonnen so zerronnen«.

Lassen Sie sich nicht von Äußerlichkeiten täuschen, aber achten Sie auf die Meinungen und Ideen anderer und die aktuellen Trends. Vielleicht läßt sich die eine oder andere Idee in Zukunft zum eigenen Vorteil umsetzen. Lassen Sie Glück und Optimismus des Hauses der Sieben auf sich wirken. Auch der Kontakt und die Kommunikation mit anderen wird unter diesem Haus leichter vonstatten gehen. Aber bleiben Sie nicht nur an der Oberfläche, auch wenn dieses Haus Sie dazu verführen möchte, und berücksichtigen Sie die Wünsche Ihrer Mitmenschen.

Sie sollten in diesem Haus zwar diplomatisch und kommunikativ auftreten, jedoch nicht zu viel von sich preisgeben. Achten Sie auf Details, damit es später nicht zu Mißverständnissen kommen kann. Jetzt ist auch eine gute Zeit, alte Konflikte erfolgreich zu beenden. Treten Sie dazu offen und direkt auf, und ändern Sie nicht zu schnell die Richtung, nur weil es der herrschenden Meinung entspricht.

Empfehlung: Menschen mit den Zahlen 3, 4 und 9 sollten in diesem Haus besonders gefühlvoll und überlegt agieren, Ihre Beziehungsfähigkeit festigen und ihren eigenen Standpunkt ehrlich und wahrhaftig nach außen vertreten, weil Sie sich in einem Kontrollverhältnis zum Haus der Sieben befinden.

8

Haus der Acht

Das Haus Erde 8 ist ein Haus der Stabilität und inneren Tiefe. Auch wenn es von außen her gern als Stagnation gesehen wird, hat das nichts mit Stillstand zu tun. Im Gegenteil, der Weg des äußeren Erfolges führt jetzt nach innen. Besonders die von Aktivitäten geprägten Zahlen haben nun die Möglichkeit, im Haus der Acht zur Ruhe zu kommen. Nach außen hin wirkt es für Sie wie ein Stillstand, weil nichts mehr vorangeht. Dabei eröffnet sich Ihnen die Chance, die Dinge aus einem völlig neuen Blickwinkel zu betrachten. Gleichzeitig besteht die Gefahr, gegen diesen vermeintlichen Stillstand ankämpfen zu wollen.

Wenn Sie tief und aufrichtig in sich hineinschauen, werden Sie dem Weg der inneren Entwicklung folgen können. Prüfen Sie ehrlich Ihre alten Verhaltensmuster, vielleicht blicken Sie dann in bisher unbekannte Tiefen. Haben Sie Vertrauen in die unvermeidlichen Veränderungen, die zum Prozeß Ihres Lebens gehören.

Sie brauchen die Phase des Hauses der Acht, damit der Zugang zu Ihren inneren Weisheiten nicht verschüttet wird. Nehmen Sie sich die Zeit zur äußeren Stille als Ausgleich zu den alltäglichen Belastungen, gönnen Sie sich den Rückzug und die Rückbesinnung auf sich selbst. Vielleicht beginnen Sie im Haus der Acht mit einer Aus- und Fortbildung, zu der Sie bisher keine Zeit zu haben glaubten. Das Haus wird Sie in Ihren Bemühungen um Weiterbildung unterstützen.

Nutzen Sie die Qualitäten dieses Hauses wie zum Beispiel ein freier Geist und Weitsicht sowie Stärke und Ausdauer. Hinter der äußeren Hülle der Stabilität und Unbeweglichkeit dieses Hauses verbergen sich Beharrlichkeit, Hingabe, Empfindsamkeit und eine gute Beobachtungsgabe. Im Haus der Acht haben Sie die Möglichkeit, die Energien aus den vorangegangenen Häusern zu sammeln und zu reflektieren, um im nächsten Haus nach außen treten zu können.

Empfehlung: Menschen mit den Zahlen 1, 3 und 4 sollten in diesem Haus mehr bei sich bleiben, nicht körperlich in Aktion treten und den Geist zur Ruhe bringen, weil Sie sich in einem Kontrollverhältnis zum Haus der Acht befinden.

9

Haus der Neun

Das Haus Feuer 9 beleuchtet alle Seiten Ihres Lebens. Das heißt, jetzt treten Dinge in den Vordergrund, die bislang nicht deutlich erkennbar waren, weil sie durch das Haus der Neun beleuchtet und damit eindeutig und klar benannt werden können. Dabei geht es nicht nur um die positiven Seiten, die zu Ruhm und Erfolg führen können. »Wo viel Licht ist, ist auch viel Schatten«, Ihre Schattenseiten werden genauso in das Licht der Öffentlichkeit gerückt.

Das Haus der Neun bietet Ihnen die Chance, Ihre Träume endlich in die Tat umzusetzen. Wenn Sie die Jahre zuvor hart daran gearbeitet haben, wird der Erfolg nicht lange auf sich warten lassen. Es ist durchaus angebracht, anderen Menschen zuzuhören und den Rat und die Unterstützung Ihrer Mitmenschen anzunehmen. Feuer verbrennt und enthüllt. Nur ehrliche und tragfähige Beziehungen werden Bestand haben.

Nutzen Sie die Kraft des Hauses der Neun, und bleiben Sie geistig aktiv. Selbstbetrug und Täuschungen führen zu Ängstlichkeit und mangelndem Selbstvertrauen.

Empfehlung: Menschen mit den Zahlen 1, 6 und 7 sollten in diesem Hause das Licht nach innen lenken und ihr Feuer auf Sparflamme brennen lassen, um Ihre eigenen Qualitäten besser wahrnehmen zu können, weil sie sich in einem Kontrollverhältnis zum Haus der Neun befinden.

Das Wechselspiel zwischen den einzelnen Zahlen in den verschiedenen Kombinationen

Sie haben bereits viel über die unterschiedlichsten Möglichkeiten der Interaktion zwischen den einzelnen Zahlen erfahren. Dabei sind zwei Kombinationsmöglichkeiten besonders herausgestellt worden. Das Verhältnis von Jahres- zu Monatszahl und die Interaktion von Monatszahl zu dem dazugehörigen Haus, in dem sich die Monatszahl bei der Geburt befand. Das klingt zunächst ein wenig kompliziert, doch vielleicht macht Ihnen die folgende Erklärung alles deutlicher.

So wie ein Mensch nach der Geburt mehr und mehr wächst, steigt auch der Einfluß seiner Jahreszahl, während der Einfluß der Monatszahl im gleichen Maße sinkt bzw. sinken sollte. So wie ein Mensch im Lauf der Jahre immer selbständiger wird bzw. werden sollte, verstärkt sich die Energie seiner Jahreszahl mit dem Potential zur Selbstverwirklichung. Dann haben die »Schattenseiten« aus der Monatszahl nur noch geringen Einfluß auf sein Verhalten.

Der Einfluß der Zeit wirkt auf den Menschen zunächst über seine labile Monatszahl und die noch nicht voll entwickelte Jahreszahl. Deshalb ist auch bei einem jungen Menschen die Möglichkeit der Einflußnahme von außen noch relativ groß. Wir sprechen schon aus diesem Grund bei der Monatszahl auch von der »kindlichen« Zahl. Die Prägungen, bestehend aus dem Verhältnis zwischen Jahres- und Monatszahl sowie aus der Interaktion zwischen Monatszahl und Haus, die bei der Geburt angelegt wurden, wirken deshalb ein Leben lang. Es sei denn, Sie sind sich dieser Verhältnisse bewußt und können gezielt darauf einwirken.

Es gibt zwei Einflußgrößen, die sich einschränkend auf Sie auswirken können: Streß und das jeweilige Haus, in dem Sie sich gerade befinden. Je »erwachsener« Sie sind, desto geringer ist dieser Einfluß. Und mit dem Wissen um diese Einflußgrößen können Sie diese gezielt für Ihre Entwicklung einsetzen.

Wie Sie aus den Beispielen zur Interaktion zwischen Haus und Monatszahl erkennen konnten, ist der Einfluß des Hauses immer stärker als der der Monatszahl. Das wird auch so bleiben. Die Energien des Kosmos, die sich im Haus manifestieren und auf die Jahres- und Monatszahl einwirken, sind im Vergleich zum menschlichen Energiepotential deulich größer. Nur wenn Sie um diesen Sachverhalt wissen, sind Sie immer in einer guten Ausgangsposition und können die Energien des jeweiligen Hauses bei einer günstigen Elementekombination gezielt für sich einsetzen.

Die Hierarchie der auf Sie einwirkenden Kräfte:

1. Prägender Einfluß des Hauses auf den Geburtsmonat: Interaktion zwischen Monatszahl und Haus
2. Prägender Einfluß der Monatszahl auf die Jahreszahl: Verhältnis zwischen Jahres- und Monatszahl
3. Zeitlicher Aspekt (Jahr):
   a) Einfluß des Hauses, in dem sich Ihre Jahreszahl im aktuellen Jahr im Lo Shu befindet
   b) Einfluß des Elements des Jahres auf die eigene Jahreszahl
4. Zeitlicher Aspekt (Monat): Einfluß des Hauses, in dem sich Ihre Jahreszahl im aktuellen Monat im Lo Shu befindet

6. Kapitel

Richtungslehre

Allgemeines

Die Richtungslehre oder Direktologie ist ein faszinierender Aspekt der NineStarki-Analyse für Ihre Umzugs- oder Reiseplanung. Gemäß dem östlichen Denken ist der Mensch ein Teil der Natur. Und so wie die Ki-Energie einer bestimmten Richtung folgt, sollte der Mensch es auch tun. Die Richtungslehre zeigt Ihnen die Möglichkeit der Bewegung in harmonische Richtungen und läßt Sie die Gefahr einer Bewegung gegen die natürliche Richtung erkennen. Sämtliche asiatischen Kampfsportarten nutzen dieses Prinzip, um mit einem Minimum an Kraftaufwand ein Maximum an Erfolg zu erzielen.

Auch die neun Zahlen, wie Sie sie bis jetzt kennengelernt haben, sprechen für dieses fundamentale Prinzip, was die Natur in unzähligen Beispielen beweist. Wer mit dem Strom schwimmt, wird es leichter haben als derjenige, der dagegen ankämpft. Wer gegen den Wind segeln will, muß kreuzen. Mit dem Wind zu segeln, ist viel einfacher. Wenn Sie sich bewußt machen, daß auch Sie von Energien beeinflußt und gelenkt werden, entwickeln Sie Sensibilität für die Kraft der Naturphänomene und können diese zu Ihrem Nutzen einsetzen.

Wenn Sie vom Land in die Großstadt ziehen, hat das in der Regel eine yangisierende Wirkung, denn dort ist alles schneller und hektischer. Wird Ihnen das zuviel, zieht es Sie erneut aufs Land, um Ruhe und Erholung zu finden. Das ist wieder yinisierend und verschafft Ihnen den Ausgleich zum hektischen Großstadtleben.

Alles, was Sie bis jetzt kennengelernt haben, hat Ihnen die NineStarki-Analyse unter einem zeitlichen Aspekt nähergebracht. In diesem Kapitel werden wir weitere Dimensionen, nämlich die des Raumes und die der kommenden Zeit mit einbeziehen. Vielleicht erinnern Sie sich an eine Fahrt, die besonders unangenehm war, weil sie mit vielen Hindernissen, beispielsweise Staus, verbunden war. Oder Sie sind mit Ihrem Büro umgezogen, und danach schien alles wie von selbst zu laufen.

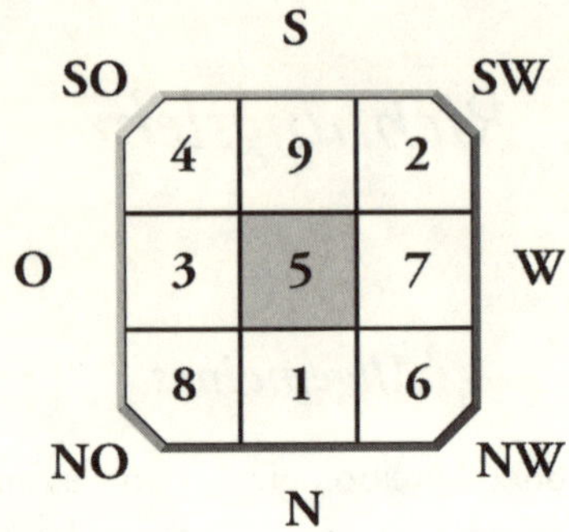

Das Prinzip der Berechnung einer Reise- oder Umzugsrichtung ist dasselbe wie bei der NineStarki-Analyse, wenn Sie das Haus berechnen wollen, in dem Sie sich zu einer bestimmten Zeit befinden. Basis ist das Lo Shu-Quadrat mit der »5« in der Mitte. Die acht Felder oder Guas rundherum sind bestimmten Himmelsrichtungen zugeordnet, wie bei einem Kompaß. Mit dem einzigen Unterschied, daß oben Süden ist und unten Norden. Die Himmelsrichtungen verändern sich nie, auch wenn die Zahlen im Bagua sich entsprechend des Jahres oder des Monats verändern werden.

Das Zentrum ist jetzt Ihr derzeitiger Standort, von dem aus Sie Ihre Reise unternehmen wollen. Sicherlich müssen Sie nicht bei jeder Fahrt oder kleinen Urlaubsreise die Bestimmungen der Richtungslehre beachten. Aber wenn Sie umziehen oder für mehr als drei Monate ihre Wohnung verlassen oder einen wichtigen Geschäftstermin haben, wäre es durchaus sinnvoll, Ihren persönlichen Reisekompaß zu Rate zu ziehen.

Ein erstes Hilfsmittel, das Sie benötigen, ist ein großformatiger Autoatlas, damit Sie relativ genau die Himmelsrichtung Ihrer geplanten Reise bestimmen können. Das zweite befindet sich auf der nächsten Seite; es ist Ihr persönlicher Reisekompaß, den Sie am besten auf Folie kopieren. Dann können Sie sich die entsprechenden Zahlen eintragen und die für Sie besten Reiserichtungen bestimmen.

Sollten Sie sich noch an eine vergangene Urlaubs- oder Geschäftsreise erinnern, die besonders ungewöhnlich verlaufen ist, können Sie mit Hilfe dieser Berechnungsmethode feststellen, ob es da einen Zusammenhang mit einer entsprechenden Richtung gegeben hat.

Es gibt ein bekanntes tragisches Beispiel dafür: Prinzessin Diana war eine Holz 3-Person. Eine Regel der Direktologie besagt, daß man nicht reisen sollte, wenn die eigene Zahl im Mittelpunkt steht. Ihr tödlicher Unfall ereignete sich am 31.08.1997, in einem Holz 3-Jahr. Sie befand sich zu diesem Zeitpunkt im Erde 8-Monat, der eher zur Ruhe gemahnt als zu hektischen Reisen. Gleichzeitig war ihr Holz 3 in diesem Monat im Haus der Neun (Feuer entzieht Holz Kräfte). Ihr Holz 3-Temperament kämpfte also einmal gegen den kräftezehrenden Einfluß der Feuer 9, zum anderen sollte es die Energien von Erde 8 unter Kontrolle bringen.

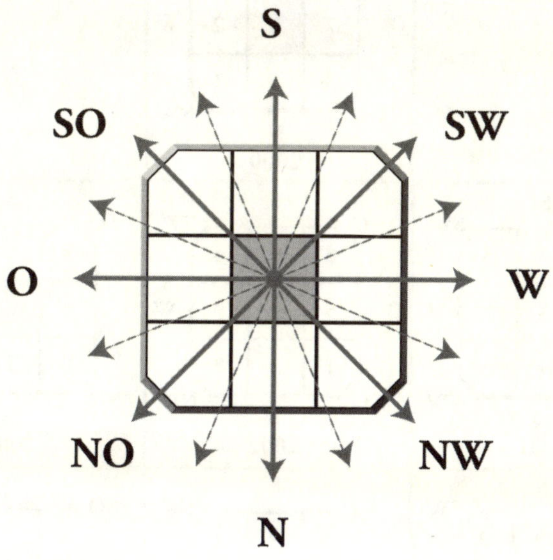

Die Regeln der Richtungslehre

Zunächst werden wir Ihnen die verschiedenen Regeln erläutern, um dann anhand von Beispielen die Umsetzung in die Praxis aufzuzeigen. In regelmäßigen Abständen verändern sich die Energien der jeweiligen Himmelsrichtung, wie Sie aus der folgenden Tabelle der Jahre 2000 bis 2009 deutlich erkennen können. Was nichts anderes bedeutet, als daß Sie in einem bestimmten Jahr durchaus nach Süden reisen können, während das in einem anderen Jahr mit Schwierigkeiten verbunden sein könnte.

Den jeweiligen Regeln haben wir eine kurze Erläuterung beigefügt, so daß Sie erkennen können, daß auch hier wieder die fünf Transformationsphasen mit ins Spiel kommen.

Tabelle zur Ermittlung der Energie der Himmelsrichtung im Jahreswechsel

	SO	S	SW	
	8	4	6	
O	7	9	2	W
	3	5	1	
	NO	N	NW	

2000

	SO	S	SW	
	7	3	5	
O	6	8	1	W
	2	4	9	
	NO	N	NW	

2001

	SO	S	SW	
	6	2	4	
O	5	7	9	W
	1	3	8	
	NO	N	NW	

2002

	SO	S	SW	
	5	1	3	
O	4	6	8	W
	9	2	7	
	NO	N	NW	

2003

	SO	S	SW	
	4	9	2	
O	3	5	7	W
	8	1	6	
	NO	N	NW	

2004

	SO	S	SW	
	3	8	1	
O	2	4	6	W
	7	9	5	
	NO	N	NW	

2005

	SO	S	SW	
	2	7	9	
O	1	3	5	W
	6	8	4	
	NO	N	NW	

2006

	SO	S	SW	
	1	6	8	
O	9	2	4	W
	5	7	3	
	NO	N	NW	

2007

	SO	S	SW	
	9	5	7	
O	8	1	3	W
	4	6	2	
	NO	N	NW	

2008

	SO	S	SW	
	8	4	6	
O	7	9	2	W
	3	5	1	
	NO	N	NW	

2009

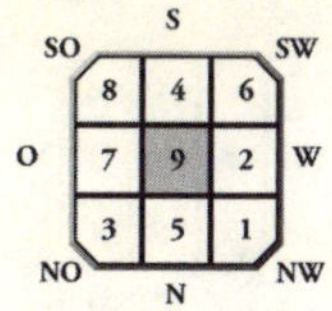

Regel 1:
Vermeiden Sie, in die Richtung der eigenen Zahl zu reisen

Wenn Sie sich auf die eigene Zahl zubewegen, bedeutet das, daß Ihre Energie eher nach innen führt. Das steht für Isolation, introvertiertes Verhalten oder Sich-zurückziehen-Wollen. Das mag generell für einen Urlaub nicht schlecht sein, aber wenn Sie im Urlaub eine neue Beziehung knüpfen wollen oder geschäftliche Kontakte suchen, so bedeutet das für Sie, daß Sie sich ganz schön anstrengen müssen, um zum Erfolg zu kommen.

Wenn Ihre Zahl eine »7« ist, sollten Sie in diesem Jahr nicht nach Osten reisen. Ist Ihre Zahl eine »1«, sollten Sie nicht in Richtung Nordwesten umziehen.

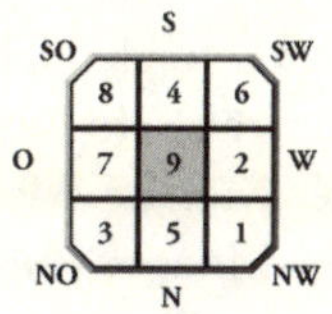

Regel 2:
Vermeiden Sie, in die der eigenen Zahl entgegengesetzte Richtung zu reisen

Wenn Sie sich von der eigenen Zahl wegbewegen, heißt das, daß Sie sich von sich selbst entfernen. Sie sind dann möglicherweise nicht sehr achtsam, auch verletzlich, und neigen eher dazu, Fehler zu begehen. Dann ist es besonders wichtig, zentriert zu bleiben. Das können Sie mit Yoga, Meditation und, wenn es eine längere Reise sein sollte, mit besonderer Achtsamkeit und vielen Ruhepausen besser bewerkstelligen.

Bleiben wir bei den beiden obigen Beispielen, ist die entgegengesetzte Richtung für die »7« der Westen und für die »1« der Südosten.

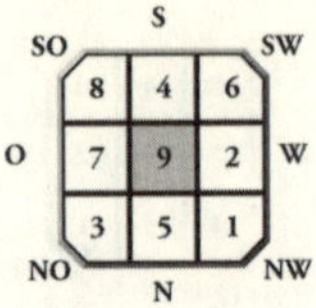

Regel 3:
Vermeiden Sie in Richtung der Fünf zu reisen

Das liegt daran, daß das Haus der Fünf an sich instabil ist und für offensichtliche Gefahrenpotentiale steht. Wenn eine Reise nicht zu verhindern ist, sollten Sie deshalb besonders achtsam sein. Sie sollten dann schon Tage vorher alle noch so kleinen Zeichen und Gefühlsregungen beachten, damit Sie nicht plötzlich einer vorhersehbaren Gefahr oder einem entsprechenden Problem ausgesetzt sind.

Nicht in Richtung »5« zu reisen, bedeutet im Jahr 2000 nicht nach Norden umzuziehen oder eine längere Reise dorthin zu unternehmen. Befürchten Sie zum Beispiel bei längerer Abwesenheit Einbrecher, weil in der Nachbarschaft eingebrochen wurde, sollten Sie sich um einen House-Sitter bemühen, der regelmäßig nach Ihrer Wohnung schaut.

Wenn sich diese Reise nicht vermeiden läßt, versuchen Sie einen Reisemonat auszuwählen, der diese Kräfte ein wenig auflösen kann. Das wären im Jahr 2000 zum Beispiel Holz-Monate (Mai, April), Metall-Monate (September, Oktober) oder Wasser-Monate (Juni), wenn das nicht mit einer der anderen fünf Regeln kollidiert. Oder Sie machen einen kleinen Schlenker oder Umweg und verändern damit die Reiserichtung.

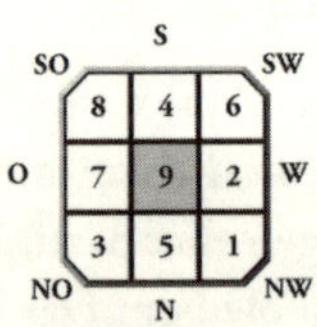

Regel 4:
Vermeiden Sie, entgegengesetzt der Richtung der Fünf zu reisen

Eine Bewegung entgegengesetzt der »5« weist auf unvorhersehbare Ereignisse hin. Hier gilt dasselbe wie für die Regel 3: Durch spezielle Planung der Reisezeit oder durch eine Richtungsänderung können Sie dem entgegenwirken. Sie müssen ja nicht direkt nach Süden reisen. Wenn der Süden in diesem Jahr keine günstige Reiserichtung für eine längere Tour ist, können Sie einen kleinen Umweg über Südwesten oder Südosten machen, falls diese Richtung besser harmoniert. Übrigens, viele Feng Shui-Lehrer planen ihre Reiseländer und Seminartermine entsprechend.

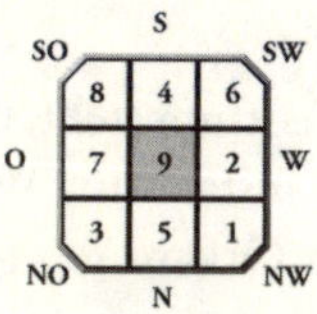

Regel 5:
Vermeiden Sie zu reisen, wenn die eigene Zahl im Zentrum steht

Wenn die eigene Zahl im Zentrum steht, befinden Sie sich im Hause der Fünf, was, wie bereits erwähnt, sehr instabil ist. Wer im Zentrum ist – im Auge des Orkans gewissermaßen –, ist Kräften aus allen Richtungen ausgesetzt. Sie sollten dann sehr auf sich fokussiert sein und in Ihrer Mitte bleiben, sonst können Chaos und Mißverständnisse entstehen. Im Jahr 2000 sollten alle Feuer 9-Menschen besonders achtsam sein, wenn Sie unbedingt für längere Zeit verreisen müssen.

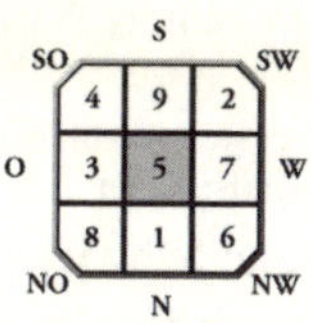

Regel 6:
Vermeiden Sie Reisen, wenn die Fünf im Zentrum steht

Fünfer-Jahre gelten allgemein als instabil und krisenanfällig. Alle neun Jahre befinden Sie sich in Ihrem eigenen Haus, das Sie nährt und kräftigt. Wenn Sie zu diesem Zeitpunkt eine längere Reise planen, könnte das ungünstig für Sie sein, weil Sie sich möglicherweise zu sehr verausgaben und so Ihre Orientierung und Stabilität verlieren.

Beispiel 1: Diana Princess of Wales hatte am 31. August 1997 (Holz 3-Jahr, Erde 8-Monat) in Paris einen tödlichen Autounfall. Diana ist eine 3 1 7 3 -Person.

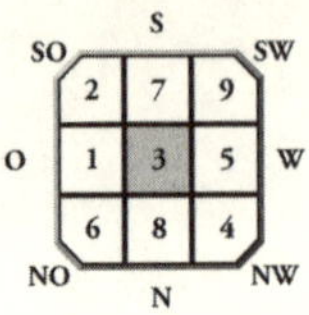

Regel 5. Vermeiden Sie zu reisen, wenn die eigene Zahl im Zentrum steht

Wenn die eigene Zahl im Zentrum steht, befinden Sie sich im Hause der Fünf, was sehr instabil ist. Wer sich im Zentrum befindet – im Auge des Orkans gewissermaßen –, ist Kräften aus allen Richtungen ausgesetzt.

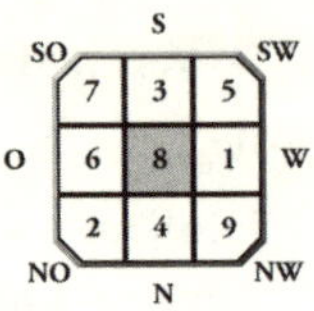

Regel 1. Vermeiden Sie, in die Richtung der eigenen Zahl zu reisen

Wenn man mit dem Auto von London nach Paris fährt, muß man erst in fast südliche Richtung, um dann direkt von Norden – also in südliche Richtung – nach Paris zu fahren.

Beispiel 2: Am 30. Januar 2000 (Wasser 1-Jahr, Metall 6-Monat) ist ein Metall 6-Mensch von Frankfurt kommend in Richtung Kempten fahrend in einer heftigen Sturmnacht in einen riesigen Stau geraten. Dieser Stau zwang ihn, eine Stunde zu pausieren, weil es weder vor noch zurück ging. Der Stau war auf der Strecke zwischen Würzburg und Aalen in südlicher Richtung.

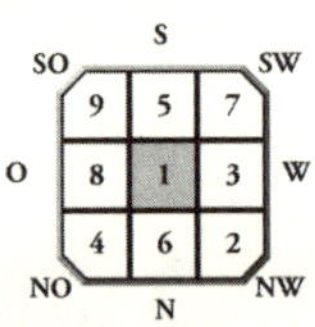

Regel 3. Vermeiden Sie, in Richtung der Fünf zu reisen

In Richtung »5« zu reisen bringt Schwierigkeiten. Das liegt daran, daß das Haus der Fünf an sich instabil ist und für offensichtliche Gefahrenpotentiale steht. Wenn eine Reise unvermeidbar ist, sollten Sie deshalb besonders achtsam sein. Sie müssen dann alle noch so kleinen Zeichen beachten, damit Sie nicht plötzlich einer vorhersehbaren Gefahr oder einem anderen Problem ausgesetzt sind.

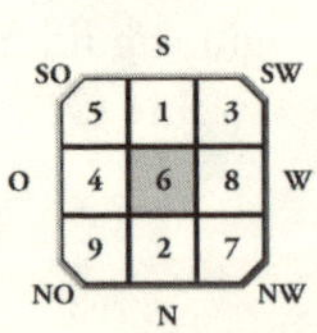

Regel 5. Vermeiden Sie zu reisen, wenn die eigene Zahl im Zentrum steht

Wenn die eigene Zahl im Zentrum steht, befinden Sie sich im Haus der Fünf, was sehr instabil ist. Wer sich im Zentrum befindet – im Auge des Orkans gewissermaßen –, ist Kräften aus allen Richtungen ausgesetzt.

Aufgrund der auf den Monat bezogenen Wasser-Situation in Richtung Süden war der Stau verhältnismäßig kurz (Wasser löst Erde auf).

Beispiel 3: Am 26.02.2000 (Feuer 9-Jahr, Erde 5-Monat) fährt ein Holz 3-Mensch von Frankfurt kommend kurz vor Hanau in Richtung Südosten in einen Stau hinein, der ihn über drei Stunden an der Weiterfahrt hindert.

Aus dem Jahres-Bagua läßt sich kein Grund erkennen, der auf Schwierigkeiten hindeutet, weil keine Regeln verletzt wurden. Wäre er lediglich wie geplant über Nürnberg gefahren, hätte ihn wieder ein über 40 Kilometer langer Stau erwartet (Nürnberg – München = Süden = entgegengesetzte Richtung 5, *Regel 4).*

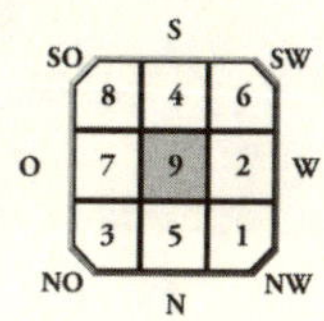

Wenn Sie sich das Monats-Bagua anschauen, stellen Sie fest, daß die »5« in der Mitte steht, und dann kommt die *Regel 6* zum Tragen: Vermeiden Sie Reisen, wenn die Fünf in der Mitte steht.

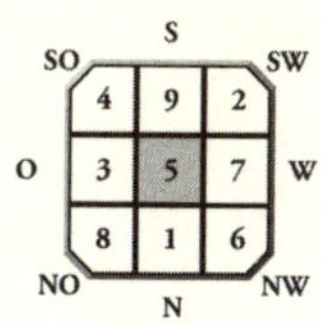

7. Kapitel

Der Mensch in Raum und Zeit

Erläuterungen

Wir haben einige aktuelle prominente Beispiele ausgewählt, um Ihnen zu zeigen, wie Sie mit der NineStarKi-Analyse Tendenzen erkennen, die Ihnen das Leben leichter machen können. Auch in zukünftigen etwas beschwerlicheren Situationen haben Sie mit der NineStarKi-Analyse ein Instrument an der Hand, das Ihnen mehr Bewußtheit und Klarheit vermittelt und so Veränderungen in Ihrer Entwicklung ermöglicht.

Anhand der aktuellen Beispiele können Sie das Auf und Ab im Leben nachvollziehen. Wir beschreiben die einzelnen Abschnitte nach folgendem Schema:

a. Einwirkung des Jahres allgemein auf alle Menschen
b. Einwirkung des Jahres auf den jeweiligen Menschen unter Berücksichtigung der Fünf-Elemente-Lehre
c. Einwirkung des »Hauses« speziell auf den jeweiligen Menschen
d. Einwirkung des »Hauses« auf den jeweiligen Menschen unter Berücksichtigung der Fünf-Elemente-Lehre

Der zeitliche Aspekt der neun Häuser

Um den zeitlichen Aspekt der neun Häuser zu berücksichtigen, braucht man Kenntnis über die Einflüsse des jeweiligen Hauses, die wir Ihnen nachfolgend noch einmal kurz zusammenfassen. Die ausführliche Interpretation finden Sie im fünften Kapitel.

Haus 1: Das erste Haus ist dem Winter zugeordnet, eine ruhige Zeit, die der Vorbereitung des kommenden Frühjahrs gilt. Das ist der Anfang und gleichzeitig das Ende eines Zyklus. Es ist eine ideale Zeit zur Selbstreflexion und zum Rückzug, aber auch um Pläne für die Zukunft zu schmieden. Wenige Aktivitäten nach außen sind von Vorteil. Es ist keine Zeit für Neuerungen. (Element Wasser)

Haus 2: Es ist der erste vorsichtige Schritt aus der Ruhe des Winters nach draußen. Alles bewegt sich noch sehr langsam. Pläne, Projekte, Vorhaben und Intentionen können nun behutsam und vorsichtig umgesetzt werden. Ein Drängen auf eine stürmische Entwicklung wird zu diesem Zeitpunkt scheitern oder einen unverhältnismäßig hohen Energieaufwand benötigen. (Element Erde)

Haus 3: Dieses Haus repräsentiert die stürmische Kraft des jungen Frühlings. Jetzt brauchen Pläne und Projekte nicht mehr länger zu schlummern, sondern sollten sofort in die Tat umgesetzt werden. Kreativität wird gefördert. Der Geist ist überaktiv und vielleicht ein wenig unachtsam. Zuviel Impulsivität kann großen Schaden anrichten. (Element Holz)

Haus 4: Frühere Bemühungen und Aktivitäten bringen erste Ergebnisse. Der Wind ergreift alles und trägt es mit sich fort. Das kann zu schnellem Wachstum führen, aber auch mit einem Verlust der inneren Stabilität einhergehen. Die Gefahr eines »Burnout« ist gegeben, deshalb ist die Konzentration auf die wirklichen Fähigkeiten notwendig. (Element Holz)

Haus 5: Diese Zeit ist unberechenbar, und man ist versucht, in die verschiedensten Richtungen zu agieren. Erde 5 ist der Zeitraum der eigenen Geburt, eine Zeit, in der man im Mittelpunkt aller Bestrebungen und Energien steht. Widersteht man der Qual der Wahl, sieht in möglichen Krisen die Chance eines Neubeginns und bleibt in sich zentriert, kann dieses Jahr in einen positiven neuen Lebensabschnitt führen. (Element Erde)

Haus 6: Es geht weiter voran. Träume, Projekte und die Mühen der Vergangenheit tragen erste Früchte. Es ist Erntezeit. Die Gefahr, daß die Erfolge zu Kopfe steigen und zu Arroganz und Hochnäsigkeit führen, ist vorhanden. Ein moderates und bescheidenes Auftreten und ein nicht zu starrsinniges Festhalten an alten Ideen können jetzt besonders von Vorteil sein. (Element Metall)

Haus 7: Nach der Ernte kommt das Erntefest, eine Zeit in der man sich wohl fühlt und das Leben genießt. Vieles scheint einem mühelos in den Schoß zu fallen. Übermut und leichtfertiges Handeln führen dazu, daß alles wie gewonnen, so zerronnen sein kann. Nüchternheit, Zurückhaltung und Selbstdisziplin sind trotz des möglichen Erfolges geboten. (Element Metall)

Haus 8: Nach der aktiven Phase der vorangegangenen Häuser folgt jetzt das Haus der Stille und der inneren Einkehr. Das mag sich in unserer Zeit des schnellen Voranschreitens und der Hektik unbehaglich anfühlen, weil einfach nichts mehr weitergeht. Wer sich darauf einläßt und die Stille als Weg zu sich selbst bewußt wahrnimmt, wird genügend Energie und eine Bereicherung für die vor ihm liegenden, wieder bewegteren Jahre mitnehmen. (Element Erde)

Haus 9: Das Feuer leuchtet und verbrennt. Es entstehen große Möglichkeiten für eine schnelle Entwicklung, Ruhm und Erfolg. Wo viel Licht ist, da ist auch viel Schatten. Alles wird ans Licht gebracht: Ehrliches Auftreten und Erfolge führen zu sozialer Anerkennung. Kleine Mauscheleien und Betrügereien werden schonunglos ins grelle Licht gerückt. Die Wahrheit wird aufgedeckt. Alles wird klarer zu erkennen sein, eine ideale Zeit für eindeutige und offene Kommunikation. (Element Feuer)

Wir zeigen Ihnen jetzt anhand eines Beispiels, wie Sie dieses Hintergrundwissen am besten nutzen können. Ein Holz 3-Mensch befindet sich im Jahr 2000 (Feuer 9) im Haus der Erde 8:

a. **Einwirkung des Jahres allgemein auf alle Menschen**
   Das Feuer 9-Jahr leuchtet und verbrennt. Es entstehen große Möglichkeiten für eine schnelle Entwicklung, für Ruhm und Erfolg. Wo viel Licht ist, da ist auch viel Schatten. Alles wird an das Licht gebracht: Ehrliches Auftreten und Erfolge führen zu sozialer Anerkennung. Kleine Mauscheleien und Betrügereien werden schonunglos ins grelle Licht gerückt. Die Wahrheit wird aufgedeckt. Alles wird klarer zu erkennen sein, eine ideale Zeit für eindeutige und offene Kommunikation.

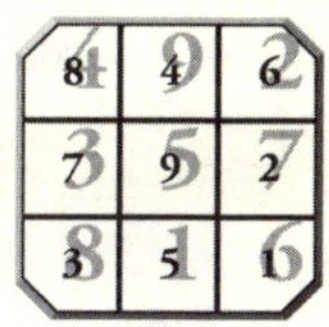

2000

b. **Einwirkung des Jahres auf den jeweiligen Menschen unter Berücksichtigung der Fünf-Elemente-Lehre**
   Holz nährt Feuer, deshalb muß dieser Mensch aufpassen, daß ihm ein mögliches Agieren im Rampenlicht der Öffentlichkeit nicht zu sehr an den Kräften zehrt.
c. **Einwirkung des »Hauses« speziell auf den jeweiligen Menschen**
   Erde 8 ist das Haus der Stille und der inneren Einkehr. Das mag

uns in unserer Zeit des schnellen Voranschreitens und der Hektik unbehaglich vorkommen, weil einfach nichts mehr weitergeht. Wer sich darauf einläßt und die Stille als Weg zu sich selbst bewußt wahrnimmt, wird genügend Energie und Bereicherung für die vor ihm liegenden, wieder bewegteren Jahre mitnehmen.

d. **Einwirkung des »Hauses« auf den jeweiligen Menschen unter Berücksichtigung der Fünf-Elemente-Lehre**
Holz kontrolliert Erde. Das bedeutet, daß das Haus, in dem sich der Holz 3-Mensch für das ganze Jahr befindet, vom eigenen Element kontrolliert werden sollte. Nimmt er sich keine Zeit für Stille und innere Einkehr, wird er von seinem Haus dorthin geführt werden. Und das kann recht unsanft geschehen.

Wenn Ihre Jahreszahl in das jeweilige Haus eintritt, kommt es zu einer Interaktion entsprechend dem jeweiligen Verhältnis der Elemente untereinander. Machen Sie sich die zeitlich unterschiedlichen Erfahrungen der einzelnen Häuser bewußt, dann können Sie sich in Zukunft besser auf die Besonderheiten, die jedes Haus Ihnen im Verhältnis zu Ihrer Jahreszahl bietet, einstellen. Sie wissen dann, was Sie erwartet, und können sich in Ihrem Auftreten und Verhalten entsprechend darauf einstellen.

Berechnung des zeitlichen Aspektes

Um den zeitlichen Aspekt zu berechnen, gehen Sie folgendermaßen vor:

Einwirkung des Jahres allgemein auf alle Menschen

6	2	4
5	7	9
1	3	8

2002

1. Berechnen Sie die erste oder Jahreszahl, wie ausführlich in Kapitel Zwei beschrieben, oder benutzen Sie die dort aufgeführte Jahrestabelle.
2. Zeichnen Sie das Bagua mit der entsprechenden Jahreszahl in der Mitte auf, und tragen die richtige Zahlenfolge dem »Siegel des Saturn« folgend ein. Jetzt können Sie eine allgemeine Aussage darüber treffen, wie dieses Jahr auf alle Menschen einwirkt. Das wurde bereits in Kurzform zu Beginn dieses Kapitels beschrieben.

Einwirkung des Jahres auf den jeweiligen Menschen unter Berücksichtigung der Fünf-Elemente-Lehre. Anhand der Fünf-Elemente-Lehre können Sie erkennen, ob dieses Jahr auf einen Menschen eher förderlich oder bremsend einwirkt. Beispiel: ein Holz 3-Mensch wird in einem Metall 7-Jahr eher gebremst, da Metall 7 Holz 3 kontrolliert.

Einwirkung des »Hauses« speziell auf den jeweiligen Menschen

3. Zeichnen Sie ein weiteres Bagua mit der »5« in der Mitte, das Lo Shu- oder magische Quadrat. Das Lo Shu-Quadrat bestimmt den Platz des jeweiligen Hauses. Wenn Sie sich die beiden Baguas übereinander vorstellen, können Sie ganz leicht bestimmen, in welchem Haus sich eine Zahl befindet. Beispiel: Im Jahre 2002 befindet sich Metall 6 im Haus der Vier, Wasser 1 im Haus der Acht, Feuer 9 im Haus der Sieben usw.

4	9	2
3	5	7
8	1	6

Lo Shu-Quadtrat

Jetzt können Sie sich verdeutlichen, welchen Einfluß das Haus auf Ihre Jahreszahl ausübt. Das wurde bereits ausführlich in Kapitel Fünf beschrieben.

Einwirkung des »Hauses« auf den jeweiligen Menschen unter Berücksichtigung der Fünf-Elemente-Lehre. Auch hier können Sie anhand der Fünf-Elemente-Lehre erkennen, welchen weiteren Einflüssen Sie unterliegen. Beispiel: Eine Holz 3-Person befindet sich 2002 im Haus Wasser 1, von dem sie gefördert wird.

Wenn Sie den zeitlichen Einfluß des Hauses eines Monats berechnen wollen, gehen Sie in derselben Reihenfolge wie oben vor. Um das Haus des Monats zu berechnen, verwenden Sie bitte die Tabelle zur Berechnung der zweiten oder Monatszahl aus Kapitel Zwei. Danach folgen Sie den Schritten 1 bis 3 in der obigen Berechnung von Jahr und Haus. Sie gehen dann in der gleichen Reihenfolge lediglich von der Monatszahl in der Mitte aus.

a. Einwirkung des Monats allgemein auf alle Menschen
b. Einwirkung des Monats auf den jeweiligen Menschen unter Berücksichtigung der Fünf-Elemente-Lehre
c. Einwirkung des »Hauses des Monats« speziell auf den jeweiligen Menschen
d. Einwirkung des »Hauses des Monats« auf den jeweiligen Menschen unter Berücksichtigung der Fünf-Elemente-Lehre

Beispiele prominenter Persönlichkeiten

Der Einfluß der Zeit am Beispiel des ehemaligen deutschen Bundeskanzlers Dr. Helmut Kohl

Eine Möglichkeit, NineStarKi einzusetzen, ist der Vergleich von Erfolgen und Mißerfolgen politischer Größen. Dazu brauchen Sie ein paar Daten wie zum Beispiel Geburtsjahr, Datum der Wahl und Wahlergebnisse, ggf. einige wichtige Ereignisse und Stationen aus dem Leben und der Legislaturperiode.

Das möchte wir Ihnen an folgendem Beispiel demonstrieren: Der letzte Bundeskanzler Dr. Helmut Kohl ist ein Metall 7-Mensch. Bei seinem Abitur 1950, einem Erde 5-Jahr, befindet er sich im Haus der Sieben. Vieles scheint ihm mühelos und ohne Anstrengungen in den Schoß zu fallen. Die Zeit arbeitet für ihn, weil sein Element Metall 7 identisch mit dem des Hauses ist.

Er promoviert im Jahre 1958, einem Metall 6-Jahr. Da befindet sich Dr. Kohl im Haus der Sechs. Und es geht weiter voran. Träume, Projekte und die Mühen der Vergangenheit tragen Früchte. Da Dr. Kohls Jahreszahl Metall 7 mit dem Haus der Sechs kooperiert, hat er einen zusätzlichen Bonus. Dr. Kohl wird 1982 Bundeskanzler, ein Feuer 9-Jahr. Er befindet sich im Haus der Drei, welches er problemlos unter Kontrolle haben sollte. Jetzt geht es fast stürmisch vorwärts. Große Projekte können gelingen.

1998, in einem Erde 2-Jahr, verliert er die Wahl. Auch wenn Erde 2 die Metall 7 des Dr. Kohl unterstützt, sollte das allgemeine Trägheitsmoment nicht unterschätzt werden.

Das Haus der Eins, in dem sich Dr. Kohl im Jahr 1998 befindet, ist ein dunkles Winterhaus. Es ist Anfang und Ende eines Zyklus, eine ideale Zeit für den Rückzug. Statt in ein verbohrtes und unnachgiebiges Verhalten zu verfallen, sollte man die Zeit der Stille jetzt nutzen, um in sich zu gehen und über sein Leben und seine Verhaltensmuster nachzudenken. Außerdem kommt hinzu, daß Wasser Metall 7 Kräfte entziehen kann.

Die Offenlegung der Parteispendenaffäre fand im Jahre 1999 statt, einem Wasser 1-Jahr. Der kräftebindende Einfluß von Wasser auf Dr. Kohl hält unvermindert an. Es wäre Zeit für den inneren Rückzug und zur Besinnung auf die eigenen Schattenseiten (Wasser = Abgründe der Seele), um zu einer Generalreinigung zu schreiten. Denn was sich jetzt nicht selbst bereinigt, wird im kommenden Feuer-Jahr ans Licht gebracht.

Er selbst befindet sich im Haus der Zwei, in dem alles stagniert, man leicht mit seinen Unternehmungen scheitert und keine großartigen Pläne machen sollte. Auch wenn das Haus der Zwei die Metall 7 des Dr. Kohl unterstützt, sollte man das allgemeine Trägheitsmoment der Erde 2 und die Diskrepanz zwischen den polaren Kräften Erde und Wasser nicht unterschätzen. Besäße Metall 7 genügend innere Festigkeit und echte moralische Kraft, hätte der Jahreswechsel zu einem richtungweisenden Neuanfang werden können.

Sein Rücktritt als Ehrenvorsitzender der CDU im Jahr 2000, einem Feuer 9-Jahr, ist folgerichtig. Was bislang getan wurde, wird entsprechend belohnt. Feuer verbrennt und enthüllt. Das Licht des Feuers bringt auch Verfehlungen ans Licht. Und das wird jetzt sehr gründlich geschehen. Da Metall 7 von Feuer 9 verbrannt wird und Dr. Kohl selbst in die Parteispendenaffäre verwickelt ist, trifft es ihn besonders hart.

Dr. Kohl befindet sich im Jahr 2000 im Haus der Drei. Unterschwellige Widrigkeiten können durch die Haus Drei-Konstellation kaum aufgehoben werden, wenn man eine stürmische Entwicklung nicht nüchtern und sachlich im Griff halten kann. Das ist aber bei den ständig neuen Enthüllungen durch das lichtbringende Feuer-Potential nicht mehr möglich. Denn wer unter Feuer steht, kann sich nur noch selbst retten und hat keine Kontrolle mehr über andere. Metall 7 zieht sich kräftige Blessuren zu, weil Holz 3 jetzt mit Macht zurückschlägt (Holz verletzt Metall).

Der Einfluß der Zeit am Beispiel von acht amerikanischen Präsidenten

Eine weitere Möglichkeit, mit der NineStarKi-Analyse zu experimentieren, ist die, anhand von statistischen Daten den möglichen Einfluß der Zeit auf den Erfolg oder Mißerfolg zu erfassen. Die nachfolgende Tabelle soll Ihnen das verdeutlichen. Es stehen folgende Daten zur Verfügung: die Geburtsdaten der letzten acht amerikanischen Präsidenten, die Wahljahre und ihre Amtsperioden und die Daten einer Wiederwahl bzw. Wahlniederlage.

Mit Hilfe der Geburtsdaten werden zunächst die Jahreszahlen der Präsidenten ermittelt. Als nächsten Schritt berechnen Sie die Ki-Zahlen für die Wahljahre. Um ein wenig in der Übung zu bleiben, sollten Sie sich ein

Blatt Papier nehmen und ein Bagua zeichnen mit der Jahreszahl für Kennedys Wahljahr 1960 (Holz 4) in der Mitte. Anhand seiner Geburtsdaten ermitteln Sie Erde 2. Wenn Sie jetzt die 2 im Bagua suchen, finden Sie sie im Haus der Drei. Kennedy hat seinen Erfolg unter anderem auch dem Haus der Drei zu verdanken.

1960 – Holz 4

Wir bleiben beim Beispiel Kennedy. 1963 ist das Jahr seines tragischen Todes. Daraus errechnen Sie die Jahreszahl 1. Im Wasser 1-Jahr suchen Sie den Platz von Kennedys Ki-Zahl 2. Die Ki-Zahl 2 finden Sie im Haus der Sechs.

Präsident	**Geburtsdatum**	**Ki-Zahl**	**Wahl**	**Ki-Zahl** Wahljahr	**Kommentar**
J. F. Kennedy	29.05.1917	2	1960	4	Im Wahljahr 1960 = 4, K. im Haus der Drei = sehr schneller Aufstieg und Erfolg.
	22.11.1963 †				Ermordung 22.11.1963 = 1; K. befindet sich im Haus der Sechs = Höhepunkt seiner Macht und gleichzeitiges Ende
L. B. Johnson	17.08.1908	2	1964	9	Im Wahljahr 1964 = 9, J. im Haus der Sieben = Ernte, als Vizepräsident fällt ihm die Macht in den Schoß; keine Wiederwahl von ihm gewünscht
R. Nixon	09.01.1913	7	1968	5	Im Wahljahr 1968 = 5, N. im Haus der Sieben = schwierige Situation, da Jahr 5 und im eigenen Haus = knapper Wahlerfolg
			1972	1	Wiederwahl = 1, N. im Haus der Zwei = sicherer Sieg (ERDE nährt METALL), aber langsames Vorankommen
			1974	8	Watergate 1974 = 8, N. im Haus der Vier = windige Argumente zur Verteidigung, Verlust der inneren Stabilität

G. Ford	14.07.1913	6	1974	8	Im Wahljahr 1974 = 8, F. im Haus der Drei = sehr schneller Aufstieg und Erfolg
			1976	6	Wiederwahl knapp verloren = 6, F. im Haus der Fünf = unberechenbare und unsichere Zeit, die in alle Richtungen führen kann
J. Carter	01.10.1924	4	1976	6	Im Wahljahr 1976 = 6, C. im Haus der Drei = sehr schneller Aufstieg und Erfolg
			1980	2	Wiederwahl verloren = 2, C. im Haus der Sieben = keine Kontrolle über das ERDE-Jahr bei gleichzeitiger Kontrolle seines Elementes durch das METALL 7-Haus
R. Reagan	06.02.1911	8	1980	2	Im Wahljahr 1980 = 2, R. im Haus der Zwei = langsamer Start, sein ERDE 8-Element wird durch ERDE 2 gefördert.
			1981	1	Amtsantritt = 1, R. im Haus der Drei = schneller Aufstieg und Erfolg
			1984	7	Wiederwahl = 7, R. im Haus der Sechs = Höhepunkt der Macht = man erntet das, was man gesät hat
G. Busch	12.06.1924	4	1988	3	Im Wahljahr 1988 = 3, B. im Haus der Sechs = Macht und Erfolg
			1992	8	Wiederwahl gescheitert = 8, B. im Haus der Eins = Ende eines Zyklus, Rückzug, keine Aktivitäten nach außen
B. Clinton	19.08.1946	9	1992	8	Im Wahljahr 1992 = 8, C. im Haus der Sechs = Macht und Erfolg
			1996	4	Wiederwahl erfolgreich = 4, C. im Haus der Eins = seine 9 profitiert von der 4 des Jahres; das Haus der Eins ist nicht von Vorteil für ihn und bringt Gefährdung

Bei der Auswertung dieser Tabelle können Sie folgende Beobachtungen machen:

Von den acht Präsidenten wurden fünf gewählt bzw. wiedergewählt, während Sie sich im Haus der Sechs oder Sieben befanden. Das Haus der Sechs steht für Macht, Führung und Verantwortung übernehmen, Haus Sieben für Öffentlichkeitsarbeit, Beurteilen von Qualitätsabläufen, subtiles Gespür für Trends und diplomatisches Geschick.

Drei weitere Präsidenten wurden im Haus der Drei erfolgreich gewählt. Das Haus der Drei steht für die Freisetzung von impulsiver männlicher Energie und dynamische, rasche Vorwärtsentwicklung.

Unter der Energie des Hauses der Zwei wurden zwei Präsidenten gewählt bzw. wiedergewählt. Das Haus der Zwei steht für Dienstleistungen und Willensstärke. Es ist eine langsame, aber hartnäckige Energie. Die beiden Gewählten befanden sich außerdem in einem nach der Fünf-Elemente-Lehre förderlichen Verhältnis zum Haus der Zwei (Erde 2 kooperiert mit Erde 8 (Reagan) und fördert Metall 7 (Nixon)).

Ein weiteres, aber wesentlich schwieriger zu interpretierendes Beispiel zeigen wir Ihnen auf den folgenden Seiten anhand der Daten und Ereignisse im Leben von Prinzessin Diana und Prinz Charles of Wales.

Der Einfluß der Zeit am Beispiel von Prinzessin Diana

Prinzessin Diana		Ereignis	Jahreszahl	Monatszahl	Haus (Jahr)	Haus (Monat)
					bezogen auf das Geburtsjahr Dianas	
01. 07.	1961	Geburt	3	1	5	7
	1977	Erstes Treffen mit Prinz Charles	5	–	3	–
Februar	1981	Prinz Charles hält um ihre Hand an	1	8	7	9
29. 07.	1981	Hochzeit	1	3	7	5
Juni	1982	Geburt 1. Sohn Prinz William	9	1	8	7
September	1984	Geburt 2. Sohn Prinz Harry	7	1	1	7
Dezember	1992	Trennung	8	1	9	7
August	1995	Scheidung	5	5	3	3
31. 08.	1997	Tödlicher Unfall in Paris	3	8	5	9

1. Juli 1961, Geburt

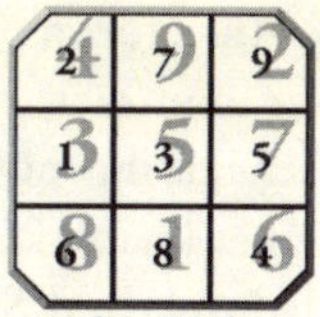

1961 – Holz 3

Dieses Jahr (Holz 3) repräsentiert die stürmische Kraft des jungen Frühlings. Es steht für Kreativität und impulsives Handeln. Ihr Holz 3-Element wird durch Ihre Monatszahl Wasser 1 gefördert. Das bedeutet, daß der Übergang von Kindheit und Jugend zum Erwachsenen relativ unkompliziert verlaufen ist. Zur Zeit Ihrer Geburt war die Jahreszahl Holz 3 im Haus der Fünf.

Alle Menschen werden im Haus der Fünf geboren. In ihrem Fall sollte nach der Fünf-Elemente-Lehre ihr Holz 3 Erde 5 unter Kontrolle haben. Da sich Holz 3 gerade im Keimstadium befindet, kann die kindliche Entwicklung erschwert werden.

Wasser 1

Zur Zeit der Geburt (Geburtsmonat Wasser 1) befand sich ihre Jahreszahl Holz 3 im Haus der Sieben, einem Haus, von dem ihre Jahreszahl kontrolliert und eingeschränkt wird.

1977, erstes Treffen mit Prinz Charles

Das Jahr 1977 ist eine Erde 5-Jahr. Diese Zeit ist unberechenbar, und man ist versucht, in die verschiedensten Richtungen zu agieren. Erde 5 ist der Zeitraum der eigenen Geburt, eine Zeit, in der man im Mittelpunkt aller Bestrebungen und Energien steht. Bleibt man in sich zentriert, kann dieses Jahr in einen positiven neuen Lebensabschnitt führen.

1977 – Erde 5

Prinzessin Diana befindet sich im Jahr 1977 im eigenen Haus der Drei. Dieses Haus repräsentiert die stürmische Kraft des jungen Frühlings. Pläne und Projekte können sofort umgesetzt werden. Unter diesen Attributen lernt die 17jährige im Erde 5-Jahr Prinz Charles kennen. Ihr jugendliches Wasser 1-Element fühlt sich stark zu ihm hingezogen. Wenn man von heute auf morgen so in den Mittelpunkt (Erde 5) gerät, wird jede Form der Kontrolle (Holz 3 kontrolliert Erde 5) unmöglich.

Februar 1981, Prinz Charles hält um Dianas Hand an

1981 – Wasser 1

Das Jahr 1981 ist ein Wasser 1-Jahr. Wasser ist der Anfang und gleichzeitig das Ende eines Zyklus. Es ist eine ideale Zeit, um Zukunftspläne zu schmieden. Das Wasser 1-Jahr ist für Diana förderlich (Wasser 1 nährt Holz 3).

Ihr Holz 3 befindet sich im Wasser 1-Jahr 1981 im Haus der Sieben. Es ist eine Zeit, in der man sich wohl fühlt und das Leben genießt. Vieles scheint ihr mühelos und ohne Anstrengungen in den Schoß zu fallen. Von einer knapp 20jährigen kann man aber die nötige Nüchternheit, Zurückhaltung und Selbstdisziplin kaum erwarten, zudem Metall 7 einen kontrollierenden Einfluß auf Dianas kaum erwachsene Holz 3 hat, so daß sie nur sehr schwer zum Nachdenken kommt.

Erde 8

Der Erde 8-Monat ist eigentlich ein Haus der Stille und der inneren Einkehr. Gleichzeitig steht er auch für Sturheit, Egoismus und Durchsetzungsvermögen. Wie aus dem Elementekreislauf zu entnehmen ist, kontrolliert die sehr starke Erde 8 Wasser 1. Die junge Diana ist kaum in der Lage, der Komplexität einer solchen Situation gerecht zu werden (Holz 3 kontrolliert Erde 8), was zu einer inneren Zerissenheit führen kann. Auch eine gewisse Sturheit und ein wenig Egoismus kann nicht geleugnet werden.

Aus dem Bagua mit der »8« in der Mitte entnehmen Sie, daß sich Diana mit ihrer Holz 3 im Haus der Neun befindet. Es entstehen große Möglichkeiten für eine schnelle Entwicklung, für Ruhm und Erfolg, was durch die Elementekonstellation bestätigt wird (Holz 3 nährt Feuer 9).

29. Juli 1981, Dianas Hochzeit mit Prinz Charles

1981 – Wasser 1

Die Ausführungen aus dem letzten Abschnitt über Wasser 1 gelten immer noch. Es wäre eine ideale Zeit zur Selbstreflexion und Ruhe, jedoch nicht für Neuerungen. Wenig Aktivitäten nach außen wären von Vorteil.

Ihr Holz 3-Element wird nicht nur durch das Wasser 1-Jahr, sondern auch durch den Monat Holz 3 über die Maßen gefördert. Dadurch kommt Diana noch weniger zur Ruhe und Selbstreflexion. Die junge Frau wird von den Ereignissen überrollt. Ihr Geist ist überaktiv und vielleicht ein wenig unachtsam.

Sie befindet sich immer noch im Haus der Sieben. Die Vorbereitungen für die Hochzeit und der ganze Presserummel halten Diana so in Atem, daß sie nur schwer zum Nachdenken kommt.

Der Holz 3-Monat befindet sich im Haus der Fünf. Es ist eine unberechenbare Zeit, und man ist versucht, in die verschiedensten Richtungen zu agieren. Nur wer in sich zentriert bleibt, kann in möglichen Krisenzeiten die

Chance eines Neubeginns wahrnehmen. Nach der Fünf-Elemente-Lehre soll Holz die Erde kontrollieren. Da dies aufgrund ihrer Jugend kaum bewußt möglich ist, scheint ein Zustand des Gefangenseins vorzuherrschen. Diese Anlagen sind bei Diana schon von Geburt an vorhanden (Jahreszahl Holz 3 sollte das Haus Erde 5 kontrollieren).

Holz 3

Juni 1982, Geburt des ersten Sohnes Prinz William

Das Jahr 1982 ist ein Feuer 9-Jahr. Diana hat zu ihrem ersten Sohn ein förderndes Verhältnis (Holz 3 fördert Feuer 9). Ein ideales Geburtsjahr für den zukünftigen Thronfolger, der im Licht der Öffentlichkeit stehen wird.

Da die Monatszahl bei Mutter und erstem Sohn gleich ist, verstehen sich die beiden gut. Diana befindet sich im Geburtsjahr ihres ersten Sohnes im Haus der Acht, das für Ruhe und Rückzug steht. Im Geburtsmonat des Sohnes befindet sie sich im Haus der Sieben, das mit Erntefest, Freude und Wohlgefühl assoziiert wird.

September 1984, Geburt des zweiten Sohnes Prinz Harry

Das Jahr 1984 ist ein Metall 7-Jahr, was zwar für Wohlergehen, Freude und Lebenslust sprechen mag, aber gleichzeitig ein Jahr ist, das nach dem Elementekreislauf Diana unter Kontrolle hält (Metall 7 kontrolliert Holz 3). Auch zu ihrem zweiten Sohn hat sie ein enges Verhältnis, da wieder die Monatszahl bei beiden gleich ist.

Diana befindet sich im Geburtsjahr von Prinz Harry im Haus des Wasser 1, was ihr Kraft und Unterstützung bietet (Wasser 1 fördert Holz 3), die sie dringend benötigt. Im Geburtsmonat befindet sie sich wieder im Haus der Sieben, das sie zusammen mit dem gleichen Haus des Jahres verstärkt beeinflußt.

Es scheint ihr zwar vieles mühelos in den Schoß zu fallen, doch Metall 7 im Jahr und im Monat, die Holz 3 kontrollieren, lassen Nüchternheit, Zurückhaltung und Selbstdisziplin trotz des möglichen Erfolges vermissen. Sie selbst befindet sich in diesem Monat gleich zweimal im Haus Wasser 1, das sie förmlich überschwemmt.

Dezember 1992, Trennung

Das Jahr 1992 ist eine Erde 8-Jahr. Es ist ein Haus der Stille und der inneren Einkehr. Gleichzeitig befindet sich Diana im Haus Feuer 9. Feuer leuchtet und verbrennt. Aber wo viel Licht ist, da ist auch viel Schatten. Alles wird ans Licht gebracht, die Wahrheit wird aufgedeckt. Alles wird klarer zu erkennen sein. Nach der Fünf-Elemente-Lehre kann zudem Feuer 9 dem nährenden Element Holz 3 Kräfte entziehen.

Der Dezember ist ein Wasser 1-Monat, der für Abgründigkeit steht. Es kommen Dinge zum Vorschein, die lange im verborgenen geruht haben. Wenig Aktivitäten nach außen wären von Vorteil. Sie befindet sich in diesem Monat im Haus der Sieben, was noch mehr nach außen führt. Die Achterbahn der Gefühle, bedingt durch die Einwirkungen der Zeit, gleichzeitig im Innen und Außen zu sein, kann zu innerer Zerrissenheit führen.

August 1995, Scheidung

Das Jahr 1995 ist eine Erde 5-Jahr. Diese Zeit ist unberechenbar, und man ist versucht, in die verschiedensten Richtungen zu agieren. Diana befindet sich in dieser Zeit im Haus der Drei, was für die stürmische Kraft des jungen Frühlings steht. Zuviel Impulsivität kann große Schäden anrichten, insbesondere deshalb, weil sie selbst dem Element Holz 3 angehört.

Wer sich im eigenen Haus befindet, sollte zu dieser Zeit möglichst wenig nach außen agieren, weil es für Holz 3 sehr viel Kraftaufwand bedeutet, Erde 5 unter Kontrolle zu halten. Diese Situation wiederholt sich und wirkt dadurch verstärkt im Scheidungsmonat, der ebenfalls zum Element Erde 5 gehört.

31. August 1997, tödlicher Unfall in Paris

Das Jahr 1997 ist ein Holz 3-Jahr. Wenn sich die eigene Jahreszahl im Zentrum befindet, sollte man weder große Reisen unternehmen noch mit anderen Aktionen nach außen treten, weil das in diesem Jahr sehr starke Kräfte bindet. Zudem ist es für Dianas Holz 3 noch schwieriger, die labile Erde 5 unter Kontrolle zu halten. Wenn die eigene Zahl im Zentrum steht, befindet sie sich im Hause der Fünf, was sehr instabil ist. Wer sich im Zentrum befindet – im Auge des Orkans gewissermaßen –, ist Kräften aus allen Richtungen ausgesetzt.

Der Erde 8-Monat spricht auch eher für Ruhe und Zurückgezogenheit als für Reisen rund um die Welt. Diana selbst befindet sich in diesem Monat im Haus Feuer 9, was ihr ebenfalls Kräfte entzieht. Insgesamt ist es eine Situation, in der eine Holz 3-Person sehr achtsam und nicht zu sehr nach außen orientiert sein müßte, um nicht zu Schaden zu kommen.

Der Einfluß der Zeit am Beispiel von Prinz Charles

Prinz Charles	Ereignis	Jahres-zahl	Monats-zahl	Haus (Jahr) bezogen auf das Geburtsjahr Charles	Haus (Monat) bezogen auf das Geburtsjahr Charles
14. 11. 1948	Geburt	7	8	5	4
1977	Erstes Treffen mit Diana	5	–	7	–
Februar 1981	Prinz Charles hält um ihre Hand an	1	8	2	4
29. 07. 1981	Hochzeit	1	3	2	9
Juni 1982	Geburt 1. Sohn Prinz William	9	1	3	2
September 1984	Geburt 2. Sohn Prinz Harry	7	1	5	2
Dezember 1992	Trennung	8	1	4	2
August 1995	Scheidung	5	5	7	7
31. 08. 1997	Tödlicher Unfall Dianas in Paris	3	8	9	4

14. November 1948, Geburt

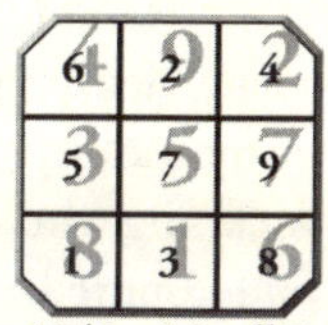

1948 – Metall 7

Das Jahr 1948 ist ein Metall 7-Jahr, eine Zeit, in der man sich wohl fühlt und das Leben genießt. Zum Zeitpunkt seiner Geburt war die Jahreszahl Metall 7 im Haus der Fünf. Alle Menschen werden im Haus der Fünf geboren. In seinem Fall wird nach der Fünf-Elemente-Lehre sein Metall 7 durch Erde 5 genährt, so daß Charles auch in bezug auf die Elemente ganz andere Startvoraussetzungen als Diana mitbringt.

Erde 8

Zur Zeit der Geburt (Geburtsmonat Erde 8) befindet sich seine Jahreszahl Metall 7 im Haus der Vier. Metall 7 sollte nach den Fünf Elementen das Haus unter Kontrolle halten (Metall 7 kontrolliert Holz 4).

1977, erstes Treffen mit Lady Di

1977 – Erde 5

Das Jahr 1977 ist ein Erde 5-Jahr. Diese Zeit ist unberechenbar, und man ist versucht, in die verschiedensten Richtungen zu agieren. Erde 5 ist der Zeitraum der eigenen Geburt, eine Zeit, in der man im Mittelpunkt aller

Bestrebungen und Energien steht. Bleibt man in sich zentriert, kann dieses Jahr zu einen positiven neuen Lebensabschnitt führen.

Prinz Charles befindet sich in diesem Jahr in seinem eigenen Haus Metall 7. Dieses Haus repräsentiert eine Zeit, in der man sich wohl fühlt und das Leben genießt. Vieles scheint ihm mühelos in den Schoß zu fallen. Er fühlt sich zu dem jugendlichen Wasser 1-Element von Diana stark hingezogen, auch die Gegensätze zwischen Holz 3 und Metall 7 ziehen einander an. Gleichzeitig mag er das Gefühl haben, dieses junge Wesen noch entsprechend der Hofetikette und seinen eigenen Wünschen formen zu können.

Februar 1981, Prinz Charles hält um Lady Dis Hand an

1981 – Wasser 1

Das Jahr 1981 ist ein Wasser 1-Jahr. Wasser ist der Anfang und gleichzeitig das Ende eines Zyklus. Es ist eine ideale Zeit, um Zukunftspläne zu schmieden. Das Wasser 1-Jahr ist für Charles nicht so förderlich (Metall 7 nährt Wasser 1). Aber in diesem Erde 8-Monat wird die schwächende Wasser-Energie ein wenig eingedämmt und fördert gleichzeitig sein Metall 7-Element.

In diesem Jahr befindet sich Charles im Haus der Zwei, was ihn fördert, aber gleichzeitig auch lähmt. Pläne und Vorhaben sollten nur wohlbedacht in die Realität umgesetzt werden. Ein Drängen auf eine stürmische Entwicklung wird einen unverhältnismäßig hohen Energieaufwand benötigen und könnte langfristig zum Scheitern führen.

Erde 8

Sein Metall 7 befindet sich im Haus der Vier, in dem frühere Bemühungen und Aktivitäten erste Ergebnisse zeigen. Das kann zu schnellem Wachstum führen, aber auch mit Verlusten der inneren Stabilität einhergehen.

29. Juli 1981, Hochzeit mit Prinzessin Diana

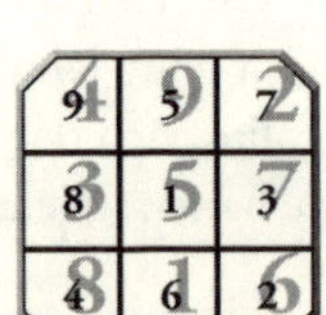

1981 – Wasser 1

Die Ausführungen im letzten Abschnitt über Wasser 1 besitzen immer noch Gültigkeit. Es wäre eine ideale Zeit zur Selbstreflexion und Ruhe, jedoch nicht für Neuerungen. Wenig Aktivitäten nach außen wären von Vorteil.

Sein Metall 7-Element wird durch das Wasser 1-Jahr gefordert. Das Haus der Zwei gibt ihm hingegen eine ruhige, fast stagnierende Energie.

Der Hochzeitsmonat mit Holz 3 in der Mitte läßt ihn das Haus der Neun betreten. Der Holz 3-Monat befindet sich im Haus der Fünf. Dieses Haus

Holz 3

repräsentiert die stürmische Kraft des jungen Frühlings. Jetzt brauchen Pläne und Projekte nicht mehr länger zu schlummern, sondern sollten sofort in die Tat umgesetzt werden. Der Geist ist überaktiv und vielleicht ein wenig unachtsam. Zuviel Impulsivität kann große Schäden anrichten.

Das Feuer vom Haus der Neun leuchtet und verbrennt. Es gibt große Chancen für Brillanz, Ruhm und Erfolg. Nach der Fünf-Elemente-Lehre wird sein Metall 7 vom Feuer kontrolliert.

Juni 1982, Geburt des ersten Sohnes Prinz William

Das Jahr 1982 ist ein Feuer 9-Jahr. Ein ideales Geburtsjahr für den zukünftigen Thronfolger, der im Licht der Öffentlichkeit stehen wird. Prinz William steht zu seinem Vater in einem kontrollierenden Verhältnis (Feuer 9 kontrolliert Metall 7).

Prinz Charles befindet sich im Geburtsmonat seines ersten Sohnes im Haus der Zwei. Das Haus der Zwei gibt ihm eine ruhige, fast stagnierende Energie. Die Kommunikation zwischen Vater und Sohn wird nicht ganz so einfach sein, weil die Monatszahlen Erde 8 (Vater) zu Wasser 1 (William) in einem kontrollierenden Verhältnis stehen.

September 1984, Geburt des zweiten Sohnes Prinz Harry

Das Jahr 1984 ist ein Metall 7-Jahr, was für Wohlergehen, Freude und Lebenslust spricht. Es ist das gleiche Element wie das seines Vaters (Metall 7 kooperiert mit Metall 7), was, wenn er einmal erwachsen ist, zu gutem gegenseitigem Einvernehmen führen mag.

Charles befindet sich im Geburtsjahr von Prinz Harry ebenfalls im Haus der Fünf, was zu gewissen Instabilitäten führen kann, auch wenn Erde 5 das Metall 7 von Prinz Charles fördert.

Dezember 1992, Trennung

Das Jahr 1992 ist ein Erde 8-Jahr. Es ist ein Haus der Stille und der inneren Einkehr. Gleichzeitig befindet sich Charles im Haus der Vier. Die Ereignisse überschlagen sich in diesem Jahr. Der Wind ergreift ihn und setzt ihm schwer zu. Das kann zu einem Verlust der inneren Stabilität führen. Die Gefahr eines »Burnout« ist gegeben. Deshalb ist die Konzentration auf das Wesentliche angeraten.

Der Dezember ist ein Wasser 1-Monat, der für Abgründigkeit steht. Es kommen Dinge empor, die lange im verborgenen geruht haben. Wenige

Aktivitäten nach außen sind von Vorteil. Charles befindet sich diesen Monat im Haus der Zwei, was ihn zwar nährt, aber entscheidungsunfähig und inaktiv macht.

August 1995, Scheidung

Das Jahr 1995 ist ein Erde 5-Jahr. Diese Zeit ist unberechenbar, und man ist versucht, in die verschiedensten Richtungen zu agieren. Charles befindet sich zu dieser Zeit im Haus der Sieben, wo leichtfertiges Handeln nicht ratsam ist. Nüchternheit, Zurückhaltung und Selbstdisziplin sind gefragt. Wer sich im eigenen Haus befindet, sollte so wenig wie möglich nach außen agieren. Diese Situation wird verstärkt durch den Scheidungsmonat, der ebenfalls zum Haus der Fünf gehört.

31. August 1997, Dianas tödlicher Unfall in Paris

1997 ist ein Holz 3-Jahr, ein Jahr, das stürmische Entwicklungen mit sich bringt. Prinz Charles befindet sich im Unglücksjahr im Haus der Neun. Das Feuer leuchtet und verbrennt. Wo viel Licht ist, da ist auch viel Schatten. Alles, was geschehen ist, wird jetzt schonunglos ans Licht gebracht. Der Erde 8-Monat nährt Prinz Charles Metall 7 und gibt ihm in dieser schweren Zeit Halt (Berg) und Kraft.

Schlußfolgerung

Wenn Sie die Beziehung zwischen Prinz Charles und Lady Diana genauer betrachten, werden Sie feststellen, daß beide zueinander in einem Kontrollverhältnis entsprechend der Fünf-Elemente-Lehre standen. Trotz und auch wegen der gegensätzlichen Positionen im Bagua bestand eine starke Anziehungskraft. In solch einer Partnerschaft wird es nie langweilig werden, die Beziehung ist voller Dynamik und reizvoller Spannung.

Diana, mit einem Bagua, das die Drei in der Mitte trägt, sieht Prinz Charles im Haus der Neun mit allen entsprechenden Attributen. Das verschleiert den Blick auf seine wahre Metall 7-Persönlichkeit ein wenig.

Umgekehrt sieht Charles aus seinem Bagua mit der Sieben in der Mitte Prinzessin Diana im Hause der Eins als eine geheimnisvolle, ihn geistig befruchtende und beseelende Persönlichkeit. Dabei übersieht er das impulsive Temperament der Holz 3-Natur.

Beide haben eine verzerrte Wahrnehmung des anderen, so daß sie in ihr Gegenüber etwas projizieren, was nicht der Realität entspricht.

8. Kapitel

Umsetzung der NineStarKi-Analyse in Privatleben und Beruf

Verbesserung des Zusammenlebens und Eingrenzung von Streßfaktoren

Um die Dynamik einer Beziehung verstehen zu können, ist es wichtig zu wissen, wie die Elemente oder Transformationsphasen einander beeinflussen (siehe ausführliche Beschreibung im vierten Kapitel). Hier handelt es sich grundsätzlich um einen lebendigen Prozeß und nicht um etwas Statisches. Aus diesem Verständnis heraus wird deutlich, daß bestimmte Wechselwirkungen eher förderlich oder eher bremsend wirken können. Dazu kommt noch der jeweilige Einfluß der Zeit, wie im vorigen Kapitel beschrieben.

Doch wenn eine Beziehung unter der Berücksichtigung der fünf Wandlungsphasen optimal erscheint, heißt das noch lange nicht, daß dies eine gute Beziehung ist. Im umgekehrten Fall muß eine Partnerschaft nicht unbedingt problematisch sein, wenn die Vorzeichen nach dem Verständnis der fünf Transformationsphasen negativ sind.

Man sollte keine wertende Position einnehmen; vielmehr geht es darum zu erkennen, daß wir lauter Individuen mit unterschiedlichen Stärken und Schwächen sind. Im Erkennen unserer Potentiale mit Hilfe der NineStarKi-Analyse öffnet sich für uns eine große Chance, private und berufliche Beziehungen flexibel, dynamisch und vor allen humorvoll zu erleben und zu gestalten.

Humor bringt eine gewisse Leichtigkeit in unsere zwischenmenschlichen Beziehungen, die es ermöglicht, ehrlicher und vertrauter mit uns selbst und anderen umzugehen. Mit Humor verstehen Sie sich selbst viel besser und können mit dieser Sicherheit toleranter und offener mit anderen Menschen umgehen. Und mit Humor, Toleranz und Offenheit sind Sie in der Lage, jedes zwischenmenschliche Problem zu lösen. Die NineStarKi-Analyse unterstützt Sie dabei, falsche Wahrnehmungen und verwirrende Projektionen zu vermeiden.

Auf den folgenden Seiten finden Sie Beispiele aus unserer Beratungspraxis zu den angeführten Themenbereichen

- Änderung der gegenseitigen Wahrnehmung von Partnern
- Verbesserung der Kommunikation in einer Familie
- Erleichterung des Umgangs in einem Team

Änderung der gegenseitigen Wahrnehmung von Partnern

Die gegenseitige Wahrnehmung bei den beiden Partnern in unserem Beispiel entspricht einem Kontrollverhältnis nach der Fünf-Elemente-Lehre. Das bedeutet zunächst, daß Karl Seimer seine Ehefrau Clara »unter Kontrolle hat«, was unter Streß besonders deutlich zum Vorschein kommen kann.

Karl Seimer: 24.10.1964* NineStarKi: Feuer 9 6 8 2

Die Selbstdisziplin von Karl Seimer ist sehr groß. Wenn die Jahreszahl die Monatszahl kontrolliert, kann die Selbstbeherrschung eines Menschen enorm sein. Die Jahreszahl erinnert die Monatszahl wie ein Über-Ich ständig an eine höhere Ordnung. Das kann die Impulsivität dämpfen, aber auch dazu führen, daß solche Menschen viele Bedürfnisse aus der Kindheit übersehen oder für belanglos halten. Eins ist sicher: Sie neigen zu Selbstkritik und machen sich mehr Vorwürfe als andere Menschen.

Bei Karl Seimer ist die 9 in der Mitte, seine Frau Clara befindet sich mit der Jahreszahl 6 im Haus der Zwei. Er erlebt seine Frau als ausgleichend, offen, kooperativ, mitfühlend und fürsorglich, was nicht den Attributen von Metall 6 entspricht.

8	4	6
7	9	2
3	5	1

Karl Seimer

Steht er unter Streß (Monatszahl Metall 6), ist sie in seiner Wahrnehmung im Haus der Fünf. Er erlebt seine Frau Clara in dieser Situation als instabil, stur, ungeduldig, sehr selbstgerecht und chaotisch.

5	1	3
4	6	8
9	2	7

Karl Seimer

Clara Seimer: 12.05.1967 NineStarKi: Metall 6 2 9 1

Wenn die Monatszahl die Jahreszahl unterstützt, vollzieht sich der Übergang von der Kindheit über die Jugend zum Erwachsenen relativ einfach und unkompliziert. Nach der Fünf-Elemente-Lehre reift hier das Kind fast ohne erkennbaren Übergang zum Erwachsenen. Das ist eine fast ideale

Kombination, weil hier die kindlichen Merkmale das erwachsene Verhalten ungemein unterstützen und Ausdrucksfähigkeit und Auftreten des Erwachsenen fördern. Selbst unter Streß können diese Menschen noch relativ gut ihre Probleme lösen, weil die Qualitäten der Jahreszahl durch die Monatszahl unterstützt und aktiviert werden.

Mit einer gelösten und streßfreien Wahrnehmung erfährt Clara Seimer ihren Mann als unkompliziert, sozial denkend, zurückhaltend, besonnen und standhaft, was dem Haus der Acht entspricht und nicht Feuer 9.

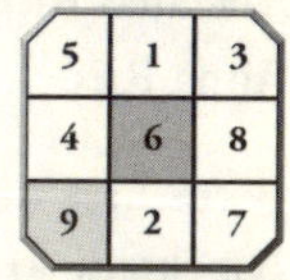

Clara Seimer

Gerät sie unter Streß, erlebt sie ihren Mann im Haus der Drei als unausgewogen, aggressiv, rücksichtslos, planlos, nervös und egoistisch, was ebenfalls nicht dem Haus der Neun entspricht.

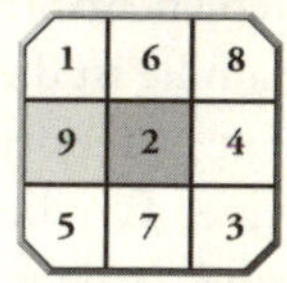

Clara Seimer

Die jeweilige Wahrnehmung des Gegenüber ist nie ganz falsch, aber oftmals mag man doch einem gewissen Irrtum unterliegen. Um unnötige Komplikationen und Differenzen mit dem Partner zu vermeiden, sollte man von Zeit zu Zeit seinen eigenen Standort überprüfen.

Sie können dies tun, indem Sie sich bewußt in den Mittelpunkt (des Bagua) stellen. Setzen Sie Ihre Jahreszahl in die Mitte des Bagua, und kennzeichnen Sie das Haus, in dem sich Ihr Partner mit seiner Jahreszahl befindet. Nun können Sie überprüfen, inwieweit Ihre Wahrnehmung den Attributen der Jahreszahl Ihres Partners oder des Hauses, in dem er sich befindet, entspricht.

In einer Streßsituation stellen Sie Ihre eigene Monatszahl (Streßfaktor) in die Mitte des Bagua und stellen dann fest, in welchem Haus sich die Jahreszahl Ihres Partners befindet. Besonders in einer angespannten und verfahrenen Situation sehen Sie vielleicht an Ihrem Partner alle negativen Attribute des Hauses, in dem sich seine Jahreszahl befindet. Nur so können Sie die »Streßfalle« Ihrer Empfindungen erkennen.

Es ist wichtig, diese Art von Überprüfung immer wieder vorzunehmen, weil der Einfluß der Zeit auch auf Ihre jeweilige Betrachtungsweise einwirkt. Je öfter Sie sich diese Vorgehensweise bewußt machen, desto seltener werden verwirrende Beziehungskonflikte auftreten.

* Namen und Daten wurden geändert.

Verbesserung der Kommunikation in einer Familie

Sophia Riedel	25.09.1952	NineStarKi:	3	7	1	9
Torsten Riedel	12.08.1953	NineStarKi:	2	5	2	8
Matthias Riedel	19.11.1978	NineStarKi:	4	8	1	9
Anna Riedel	27.08.1981	NineStarKi:	1	2	4	6

Betrachtet man die Zusammensetzung einer Familie unter NineStarKi-Aspekten, so fällt möglicherweise auf, daß bestimmte Wandlungsphasen fehlen bzw. andere überproportional vertreten sind. In unserer Beispielfamilie ist die Verteilung recht ausgewogen. Um die besonderen Fähigkeiten benennen zu können, die für ein harmonisches Zusammenleben in einer Familie oder auch für die erfolgreiche Arbeit in einem Team nötig sind, beziehen wir uns auf Kapitel drei »besondere Fähigkeiten«.

Für die Führung einer Familie werden Holz 3-Menschen benötigt, die planen und organisieren können. Zur Umsetzung sind wiederum Menschen mit Holz 4-Eigenschaften besonders geeignet, die Konflikte austragen und strukturieren können.

Feuer 9 ist in dieser Familie nicht vorhanden. Die Aufgaben müssen trotzdem erledigt werden: Probleme lösen und ein Zusammengehörigkeitsgefühl aufbauen. Ein Teil dieser fehlenden Fähigkeiten kann durch das Metall 7 in der Monatszahl der Mutter ersetzt werden: auf andere eingehen, Dinge ins Gleichgewicht bringen.

Sehr stark vertreten ist der gesamte Bereich der Erde 2, 5 und 8 durch Vater und Kinder in erster und zweiter Zahl. Dadurch können die Eltern in Krisensituationen die nötige Unterstützung für den Familienverband erhalten.

Da die anderen Familienmitglieder Erde 5 bzw. Erde 8 in der zweiten Zahl haben, können sie ebenfalls ihren Beitrag zum Familienzusammenhalt leisten, Erde 8 mit den Eigenschaften: auf Details achten und integrieren und Erde 5 mit den Eigenschaften: zentrieren und als Katalysator dienen.

Verhalten unter Streß

Die Monatszahl symbolisiert wie auch die Jahreszahl Fähigkeiten und Potentiale, die jedoch, weil sie mehr von außen bestimmt sind, zu Ursachen von Streß und Problemen werden können. Da hier die Erde in der 2. Zahl überwiegt (Erde 2, 5 und 8), kann es zu folgenden Erde-Streßreaktionen kommen:

Erde 5: wenig Stabilität, stur, ungeduldig, hastig, arrogantes und selbstgefälliges Auftreten, zynisch, selbstzweifelnd, chaotisch, selbstgerecht

Erde 2: schwach, leer, passiv, ergeben, demütig, unterwürfig

Erde 8: Unpünktlichkeit, Starrsinn, Habgier, Dogmatismus, unentschieden, verschlossen, stur, egoistisch, phlegmatisch, überheblich

Um diesen Streßphänomenen entgegenwirken zu können, gibt es nach der Fünf-Elemente-Lehre verschiedene Möglichkeiten:

die Fähigkeiten des Feuer-Elementes zur Unterstützung einsetzen: Unentschlossenheit und passives Abwarten entgegnen, Klarheit schaffen und Prioritäten setzen.

Sollte das nicht helfen, mit Metall-Fähigkeiten Kräfte binden: Übertreibungen verhindern, Strukturen schaffen und klare Zielvorgaben machen.

Wenn das nicht reicht, kann man mit den Fähigkeiten des Holz-Elementes deutliche Grenzen setzen: Situationen klären und Entscheidungen treffen.

Erleichterung des Umgangs in einem Team

In einer Personalberatung geht es in der Regel um die Analyse menschlicher Beziehungen und um die Suche nach dem richtigen Menschen für den richtigen (Arbeits-)Platz. Aus der Sicht des I Ging, auf dem auch die NineStarKi-Analyse basiert, gibt es keine nur guten oder nur schlechten Beziehungen. Wichtig ist, wie sich die Elemente oder Transformationsphasen der traditionellen chinesischen Fünf-Elemente-Lehre gegenseitig beeinflussen. Daraus ergeben sich entweder harmonische Beziehungen oder solche, die zu Schwierigkeiten oder gar Blockaden führen.

Hinzu kommt, daß diese Interaktionen nie statisch sind. Im einzelnen Menschen selbst und in jeder zwischenmenschlichen Beziehung gibt es unterschiedlichste Elementekonstellationen. Diese werden je nach Transformationsphase des Jahres, des Monats und des Tages und nach den ständig wechselnden Umwelt- und zeitlichen Einflüssen verschieden wahrgenommen, so daß bestimmte Aspekte unserer Persönlichkeit verstärkt oder gar nicht zum Tragen kommen.

In der Personalberatung geht es darum, vorhandene Beziehungen zu fördern bzw. den richtigen Menschen für eine bestimmte Aufgabe zu finden.

Dafür ist die NineStarKi-Analyse ein gutgeeignetes Instrument. Folgende Punkte sind dabei zu beachten:

- Kommunikation oder Beziehungen können nur dann erfolgreich sein, wenn jeder Beteiligte bereit ist, sich selbst real zu betrachten und auch zu sich zu stehen
- Menschen können ähnliche oder sogar gleiche Zielvorstellungen haben und deshalb miteinander in Konflikt geraten
- ob und wie man sein Ziel erreicht, ist abhängig von den eigenen Stärken und Schwächen und von den jeweiligen Umständen
- Kommunikation oder Beziehungen scheitern, wenn sie von falschen Voraussetzungen in bezug auf sich selbst und anderen Personen ausgehen
- Offenheit, Humor und Verständnis für andere Menschen lösen fast jedes kommunikative Problem

Probleme am Arbeitsplatz, mangelnde Kommunikation und daraus resultierende Fehlbesetzungen sind häufig Folge von falscher Selbsteinschätzung, Übertragungen auf andere sowie falschen Wahrnehmungen. Erkennt man das Gemisch der Wandlungsphasen in sich, werden bestimmte, immer wiederkehrende Verhaltensweisen deutlich, mit denen man versucht, andere zu manipulieren.

Wir möchten Ihnen das anhand eines Beispiels verdeutlichen. Herr Meyer, ein dynamischer Unternehmer, wollte es genau wissen. Seine Geschäfte gingen gut, aber innerbetrieblich konnte es seines Erachtens noch reibungsloser laufen, denn er fühlte sich manchmal gebremst. Es kam immer wieder zu Hemmnissen, z. B. durch Zukunftsängste, die seine Mitarbeiter auf ihn übertrugen.

Bereits im ersten Feng Shui-Beratungsgespräch wurde ihm klar, daß es nicht ausreicht, lediglich die Räume zu verändern, sondern daß auch Raum und Mensch zueinander passen müssen. Mit Hilfe der NineStarKi-Analyse wurde ermittelt, daß sich die Büroräume von drei seiner Mitarbeiterinnen, die zum Element Erde gehören, im Bereich 8 und 3 befanden. Er selbst hat das Grundelement Wasser 1 und seinen Büroraum in den Bereichen 3 und 4.

Nach der Lehre der Fünf Elemente befand sich der Geschäftsführer innerhalb des Büros (Wasser 1 in Holz 3 und 4) in einer geschwächten Position, die durch die stark vertretene Erde seiner Mitarbeiterinnen (Erde in Erde 8) noch zusätzlich eingedämmt wurde.

Es wurden ausführliche NineStarKi-Analysen für die Beteiligten angefertigt, die den Mitarbeitern erläutert und zugängig gemacht wurden, so daß jeder ein Profil seiner Stärken und Schwächen besaß. Durch eine einfache Änderung der Aufteilung der Büroräume auf Basis NineStarKi und Feng Shui konnte die besagte Problematik verändert werden.

Im Anschluß wollte Herr Meyer eine Kurzprognose für die kommenden Jahre, um sein Auftreten nach innen und außen entsprechend gestalten zu können. Diese sah folgendermaßen aus:

2000, das Jahr des Wechsels, ist ein Feuer 9-Jahr. Es steht allgemein für hohe Energie, große Möglichkeiten für schnelle Entwicklungen und Erfolg. Sturheit sollte vermieden werden.

8	**4**	**6**
7	**9**	**2**
3	**5**	**1**

2000

Die Eins von Herrn Meyer befindet sich im Haus der Sechs, dem »Erntemond« der Indianer. Er erntet, was er gesät hat. Um bei guter Gesundheit zu bleiben, sollte er ein moderates Tempo wählen. Für die Eins speziell gibt es die Möglichkeit, daß seine Fähigkeiten endlich anerkannt werden. Er hat Selbstvertrauen und fühlt sich wohl. Es ist auch ein Jahr, um viel auf Reisen zu gehen. Er sollte jedoch seine Ziele klar im Auge behalten. Auch wenn Ihm seine Arbeit Spaß macht, sollte er darauf achten, daß die Menschen in seiner Umgebung ihn mit ihrem Enthusiasmus nicht »überfahren«. Aufkeimende egoistische Tendenzen sollte er vermeiden und sein Geld zusammenhalten, denn es ist Erntezeit.

2001 ist ein Erde 8-Jahr. Allgemein bedeutet das, daß er sich unsicher fühlen mag. Es ist eine Zeit der Ruhe, auch wenn ihm vielleicht nicht danach zumute ist. Es ist fast langweilig, aber er spürt eine Veränderung in der Luft. Er weiß nur nicht, was kommen wird. Es ist wie die Ruhe vor dem Sturm.

7	3	5
6	8	1
2	4	9

2001

Die Eins wechselt in das Haus der Sieben. Das bedeutet für Herrn Meyer, daß immer noch Erntezeit ist. Vielleicht bekommt er ertragreiche Aufträge. Gleichzeitig bedeutet es, das er in diesem Jahr möglicherweise mehr Geld ausgeben möchte. Es ist eine einmalige Zeit mit einer Mischung aus Entspannung und Reflexion. Er sollte endlich loslassen können, die kommenden Jahre bringen Anspannung genug. Lange Spaziergänge und Besinnung auf die eigenen mentalen und spirituellen Fähigkeiten sind empfehlenswert. Die Einser sollten in diesem Jahr auf ihre Gesundheit achten, insbesondere auf die Lungen und die Verdauungsorgane.

2002 ist ein Metall 7-Jahr. Das ist allgemein ein entspannendes Jahr, denn die Ernte ist bereits eingefahren worden. Er darf sich zufrieden und entspannt fühlen.

6	2	4
5	7	9
1	3	8

2002

Die Eins befindet sich in diesem Jahr im Haus der Acht, welches für Ruhe und Stagnation steht. Es ist relativ einfach für ihn, sich zurückzuziehen. Um so schwieriger hingegen, sich anderen verständlich zu machen. Die Gefahr von Mißverständnissen ist für ihn besonders groß. Er sollte klar und eindeutig kommunizieren, da Kommunikation immer in beide Richtungen geht. Vielleicht fällt es ihm in diesem Jahr leichter, einfach nur zuzuhören.

Ein Wechsel liegt in der Luft. Dieser kann erreicht werden durch äußeren Druck oder durch Reflexion. Treffen Sie Ihre Wahl: Sturheit und gewaltsames Vorgehen, um die eigenen Ideen durchzusetzen, ist sicherlich nicht der richtige Weg! Allgemein betrachtet sollten Sie immer die Ruhe bewahren. Ein zu extremes Zurückziehen in die eigene »Höhle« ist nicht von Vorteil.

Anhang

Feng Shui-Achsentheorie

Allgemeines

Die Art von Numerologie, Zahlenkombinationen aus drei miteinander verbundenen Feldern zu bilden, ist im Westen wie im Osten seit Jahrtausenden bekannt. Es gibt Hinweise darauf, daß schon Pythagoras sich mit diesem Thema beschäftigte. Wenn eine Achse vollständig ist, deutet das auf bestimmte Qualitäten hin. Ebenso hat eine Achse mit leeren Feldern eine bestimmte Aussage.

Gerade letztere Angabe hat uns bewogen, diese Art von Numerologie zur schnellen Interpretation von Fehlbereichen im Feng Shui eines Hauses, einer Wohnung, eines Büro- oder Geschäftsraumes einzusetzen. Dazu wird das Bagua mit der Basislinie 8 – 1 – 6 vom Eingang der Wohnung oder des Hauses beginnend auf den jeweiligen Grundriß gelegt. Fehlbereiche sind unserer Erfahrungen nach Toilette, Bad, Abstellräume, tote Ecken, Treppenhäuser und Abweichungen im Grundriß.

Wir haben in den vergangenen Jahren die von uns so bezeichnete »Achsentheorie« vor jeder Beratung als ersten Indikator mit einbezogen. Die Ergebnisse waren überzeugend. Mit dieser Herangehensweise konnten wir unseren Klienten deutlich machen, wie über eine äußere Betrachtungsweise das Bewußtsein für innere Prozesse geweckt und aktiviert wird.

Die Achsen

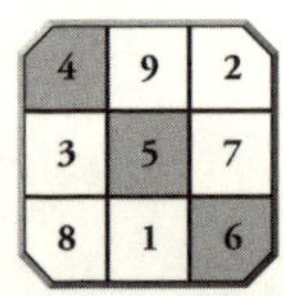

Die Achse des emotionalen Gleichgewichts besteht aus den Ziffern 6, 5 und 4 und verbindet Intuition (6) mit der Fähigkeit, die Bedürfnisse anderer Menschen zu erkennen (5), und psychologischem Einfühlungsvermögen (4).
Einschränkungen in dieser Achse weisen darauf hin, daß das Leben der dort wohnenden Menschen durch Mißtrauen, Sorge und Launen geprägt sein kann. Alles ist grau in grau, die Stimmung meistens entsprechend.

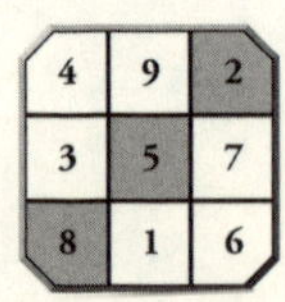

Die Achse der Entschlossenheit besteht aus den Ziffern 8, 5 und 2 und steht für Stabilität (8), überdurchschnittliche Motivation (5) und Hartnäckigkeit (2).

Einschränkungen in dieser Achse weisen auf mangelnde Stabilität hin. Das Leben scheint aus sich ständig wiederholenden Hindernissen, Rückfällen und nicht erfüllten Lebensträumen zu bestehen.

Die Achse der Intellektualität besteht aus den Ziffern 4, 9 und 2. Das können Sie mit Sorgfalt und Konzentration (4), Dominanz intellektueller und mentaler Fähigkeiten (9) und Willenstärke (2) gleichsetzen.
Einschränkungen in dieser Achse weisen auf ein schwächer werdendes Gedächnis im Alter, Lernschwierigkeiten, auf wenig Interesse an intellektuellen Dingen und eher praktische Fähigkeiten hin. Es kann Probleme geben, sich klar zu artikulieren oder im Licht der Öffentlichkeit zu stehen.

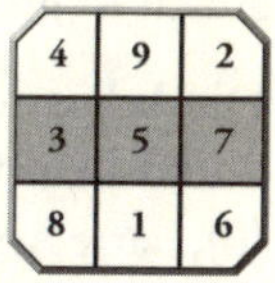

Die Achse der Spiritualität besteht aus den Ziffern 3, 5 und 7. Sie steht für die Verbindung zwischen Vergangenheit (3), Gegenwart (5) und Zukunft (7). Sie weist auf ein tiefes psychologisches und spirituelles Verständnis für die Mitmenschen hin und auf archetypische Gefühlsmuster im eigenen Handeln.
Einschänkungen in dieser Achse deuten auf einen Mangel an Gefühlen, Einsamkeit und Unzufriedenheit hin, auf ein Fehlen von wirklichen Freunden, Liebe und Lachen. Ein Streben nur nach materiellen Dingen oder ein Leben in der Vergangenheit kann die Folge sein. Familiäre Auseinandersetzungen und Probleme, sich der Zukunft zu stellen, können weitere Indizien für eine Einschränkung in dieser Achse sein.

Die Achse des materiellen Wohlbefindens besteht aus den Ziffern 8, 1 und 6. Sie steht für praktisches und wirtschaftliches Denken (8), geschicktes und intelligentes Handeln (1) und machtvolles Umsetzen (6). Weiterhin kann ein Grundbedürfnis nach Beständigkeit und Besitz, aber auch eine gute Intuition vorliegen.
Einschränkungen in dieser Achse weisen auf die Tendenz hin, den Boden unter den Füßen zu verlieren. Auch ein materieller Verlust könnte die Folge sein.

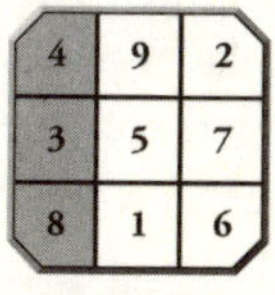

Die Achse der Planungsfähigkeit besteht aus den Ziffern 8, 3 und 4 und verbindet methodisches Vorgehen (8) mit entschlossenem Handeln (3) und Zielstrebigkeit (4).

Einschränkungen in dieser Achse weisen auf mangelnde Struktur im Leben, auf Unordnung und Chaos hin. Es gibt nur eine kurzfristige Planung, aber kein langfristig organisiertes Voranschreiten. Man hat Schwierigkeiten, einmal begonnene Tätigkeiten zu Ende zu führen.

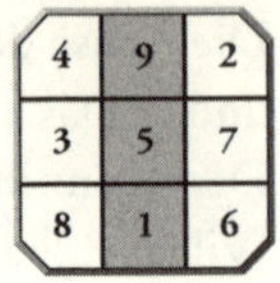

Die Achse der Willenskraft besteht aus den Ziffern 1, 5 und 9 und steht für kluges und weises Vorgehen (1), mit starkem Willen zum Sieg (5) und ausdrucksstarker Umsetzung (9).
Einschränkungen in dieser Achse äußern sich in schwacher Willenskraft und Unentschlossenheit. Es fällt schwer, für eine Sache einzustehen, und man möchte es jedem recht machen. Eine Möglichkeit der Einflußnahme von außen ist groß.

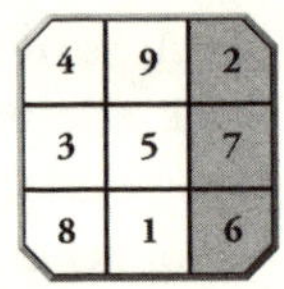

Die Achse der Umsetzung besteht aus den Ziffern 6, 7 und 2 und steht für Verantwortung und Führung übernehmen (6), harte Arbeit und diplomatisches Geschick (7) sowie für hartnäckige und vernünftige Umsetzung (2).
Einschränkungen in dieser Achse weisen auf Phlegma und Trägheit hin. Risiken werden nicht gerne übernommen, die Schuld wird oft auf andere geschoben. Auch fehlende Motivation kann die Folge sein.

Einige Beispiele aus der Praxis werden Ihnen die Achsentheorie näher erläutern, so daß Sie selbst Ihr Zuhause entsprechend untersuchen können.

Beispiel 1:

In den Bereichen 8, 3 und 4 befinden sich eine Toilette, ein offenes Treppenhaus in den Keller und ein Außenkamin.

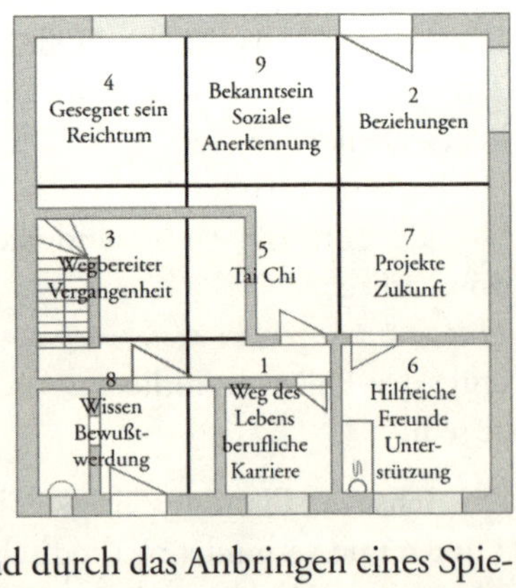

Die Achse der Planungsfähigkeit (8, 3, 4) wird damit eingeschränkt, was auf mangelnde Struktur hindeuten kann. Man hat Schwierigkeiten, Entscheidungen zu treffen oder langfristig zu planen.

Durch die Verkleidung der Treppe und durch das Anbringen eines Spiegels an die Außenseite der Toilette wird diese Einschränkung langfristig beseitigt.

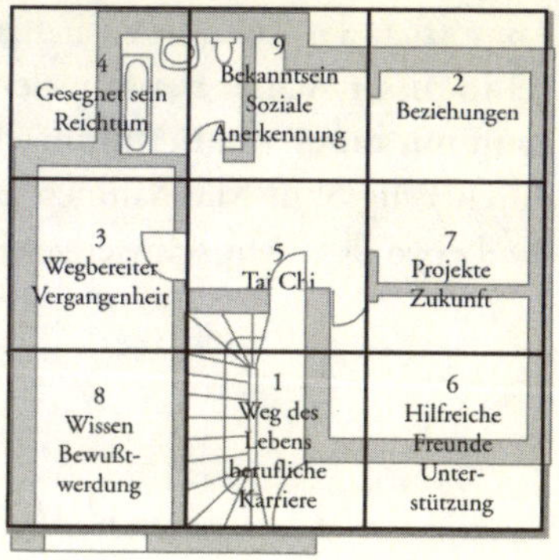

Beispiel 2:

In den Bereichen 1, 5, 4 , 9 und 6 befinden sich Treppenhaus, eine Toilette und ein Fehlbereich.

Die Achse des emotionalen Gleichgewichts (6, 5, 4) wird gestört, was zu Mißtrauen, Sorge und Launenhaftigkeit führen kann. Alles ist grau in grau, die Stimmung meist entsprechend.

Auch die Achse der Willenskraft (1, 5, 9) unterliegt starken Einschränkungen, die sich in schwacher Willenskraft und Unentschlossenheit äußern. Es fällt schwer, für eine Sache einzustehen, und man möchte es jedem recht machen. Durch entsprechende Feng Shui-Maßnahmen kann ein Ausgleich geschaffen werden.

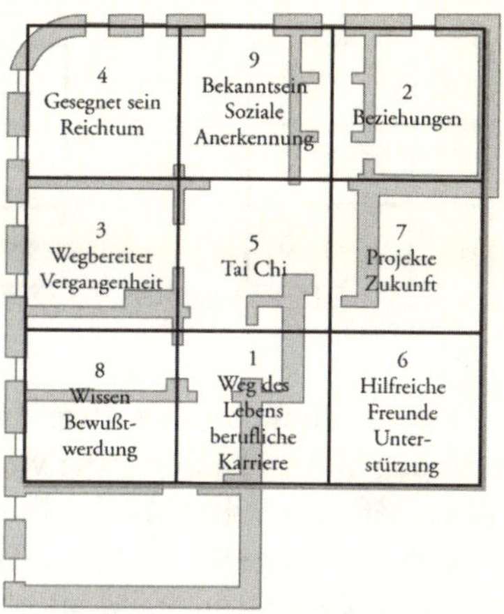

Beispiel 3:

In den Bereichen 1, 2, 3, 6 und 7 befinden sich Fehlbereiche, Bad und eine Toilette.

Die Achse der Umsetzung (6, 7, 2) wird erheblich beeinträchtigt und weist auf Phlegma und Trägheit der Bewohner hin. Risiken werden nicht gern übernommen, die Schuld wird oft anderen zugeschoben. Auch fehlende Motivation kann die Folge sein.

Die Achse der Willenskraft (1, 5, 9) wird in Teilbereichen beeinträchtigt und verstärkt das bereits beschriebene, weil sich das in schwacher Willenskraft und Unentschlossenheit äußert.

Zudem ist noch die Achse der Spiritualität (3, 5, 7) ein wenig gestört, was auf einen Mangel an echten Gefühlen, auf Einsamkeit und Unzufriedenheit hinweisen kann, auf ein Fehlen von wirklichen Freunden, Liebe und Lachen.

Ein Streben nach lediglich materiellen Dingen oder ein Leben in der Vergangenheit könnte die Folge sein. Familiäre Auseindersetzungen und

Angst, sich der Zukunft zu stellen, wären weitere Indizien für einen Mangel in dieser Achse. Bei so vielen gestörten Bereichen in einer Wohnung kann nur durch die Bewußtmachung der problematischen Situation und durch Feng Shui-Maßnahmen eine Änderung erzielt werden. Sonst wird das Leben dort sehr schwierig sein.

Der räumliche Aspekt der »Häuser«

Den räumlichen Aspekt der Häuser finden Sie im Feng Shui wieder, genauer gesagt, im Drei-Türen-Feng Shui. Es trägt diesen Namen, weil als Basislinie immer der Bereich genommen wird, auf dem sich der Eingang befindet. Das sieht in der Praxis wie folgt aus:

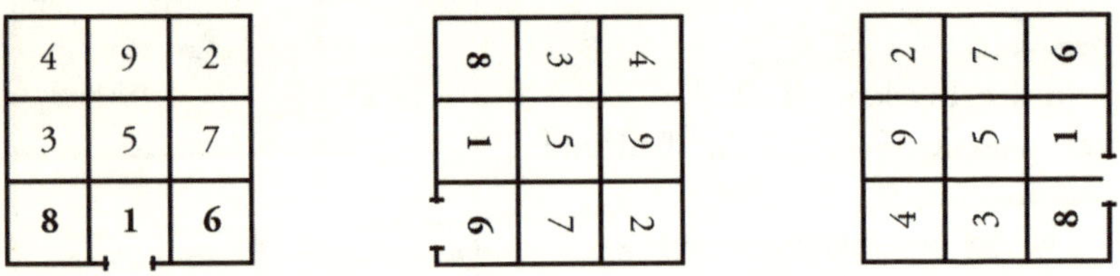

Die Basislinie mit den Bereichen 8 – 1 – 6 ist immer dort, wo sich der Eingang in das Haus oder die Wohnung befindet. Sie benötigen also einen Grundriß Ihres Hauses oder Ihrer Wohnung. Dann legen Sie das Bagua mit der Basislinie 8 – 1 – 6 so auf den Eingang, daß der Rest des magischen Quadrates die Wohnfläche abdeckt. So erkennen Sie, in welchem Bereich des Bagua sich welche Wohneinheit befindet. Jeder Bereich des Bagua hat seine besondere Bedeutung. Eine ausführliche Beschreibung mit vielen Assoziationen finden Sie im dritten Kapitel. Hier noch einmal eine Kurzausführung.

Das Bagua ist die Grundlage für den ersten Einsatz im Feng Shui, insbesondere im intuitiven Feng Shui. Hier finden sich auch die fünf Transformationsphasen oder Elemente wieder. Gleichzeitig stehen die neun Felder in dem magischen Quadrat für bestimmte Eigenschaften:

Bereich	Trigramm	Inhalt
1	... Wasser	Karriere, innere Freiheit, Fluß des Lebens
2	... Erde	Beziehungen, Partnerschaft, Kommunikation
3	... Donner	Vergangenheit, Vorfahren, Lehrer
4	... Wind	Reichtum, gesegnet sein
5	... Tai Chi	Aspekte aller Trigramme, Gesundheit
6	... Himmel ...	Hilfreiche Freunde, Geben können
7	... See	Zukunft, Kreativität
8	... Berg	Ruhe, Wissen, innere Weisheit
9	... Feuer	soziale Anerkennung, Ruhm

Wenn sich Ihr Schlafzimmer im »Feuer« befindet, könnte es sein, daß Sie recht unruhig schlafen. Ist im Bereich »Reichtum« die von allen genutzte Toilette, brauchen Sie sich nicht zu wundern, wenn Ihr Geld »dauernd den Bach runtergeht«. Wenn sie sich im Bereich »Wissen« befindet, werden Sie Probleme haben, Ihre innere Ruhe zu finden. Idealerweise sollte sich zum Beispiel das Elternschlafzimmer im Bereich »Beziehungen« befinden. Auch eine gemütliche Sitzecke mit kuscheligen Kissen ist dort angebracht. Eine Küche im Bereich »Kreativität« fördert den Einfallsreichtum bei der Zubereitung der Speisen, und alle Familienmitglieder sind glücklich und zufrieden, weil sie gesund und schmackhaft essen können.

Feng Shui ist ein Prozeß, der viele Erfahrungen und Handlungen aus dem Unterbewußtsein ins Bewußtsein führt. Deshalb kann Feng Shui nicht aus starren Regeln, die stur eingehalten werden müssen, bestehen. Das setzt voraus, daß Sie Regeln und Weisungen nicht unreflektiert übernehmen, sondern auch verstehen. Da es ein Prozeß ist, der auf Erfahrungen basiert, zählt nur das, was für Sie gut ist und entsprechend wirkt.

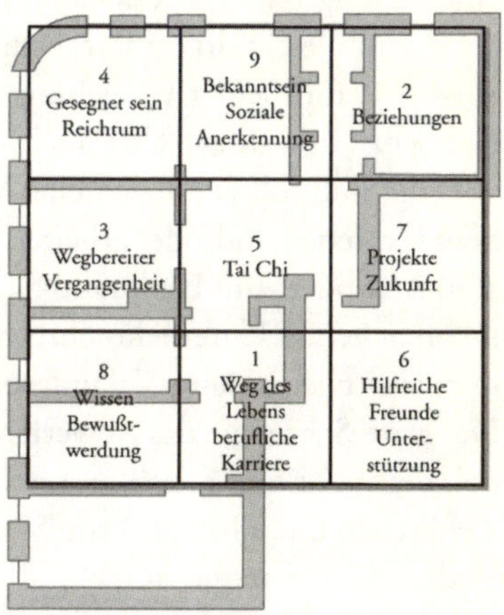

Im Verlauf einer Beratung wird dieser Entwicklungsprozeß durch die Klienten aus eigener Kraft und Intuition mitgestaltet. In diesem Sinne sind Probleme immer Möglichkeiten zum Wachstum.

Unserer Erfahrung nach sind Fehlbereiche, wie sie zum Beispiel auf der nebenstehenden Grafik erkennbar sind, kein Hinweis darauf, daß es keine hilfreichen Freunde gibt oder daß die Zukunft stark eingeschränkt ist und das Leben nicht so glatt vonstatten geht. Diese erkannten Fehlbereiche sollten Sie vielmehr als Wink des Himmels betrachten, daß Sie an diesem Thema noch zu arbeiten haben.

Es sollte immer bedacht werden, daß Feng Shui ein subjektiver Prozeß ist, der nur individuell funktioniert. Eine schnelle Problemlösung ist somit kaum erreichbar, auch wenn es bereits dann schon überraschend positive Wendungen geben kann, wenn sich die beabsichtigten Änderungen nach Feng Shui noch im Planungsstadium befinden.

Dein Leben ist das Produkt Deiner Gedanken.

Achte auf Deine Gedanken, denn sie werden zu Worten.
Achte auf Deine Worte, denn sie werden zu Handlungen.
Achte auf Deine Handlungen, denn sie werden zu Gewohnheiten.
Achte auf Deine Gewohnheiten, denn sie werden zu Deinem Charakter.
Achte auf Deinen Charakter, denn er wird Dein Schicksal. (*UNBEKANNT*)

Das Ziel aller Feng Shui-Maßnahmen ist es, die unmittelbare Lebens- und/oder Arbeitsumgebung in einen Ort zu verwandeln, an dem nicht nur gelebt und gearbeitet, sondern das Leben immer wieder aufs neue positiv beinflußt wird. Wer aus alten Mustern ausbrechen will, die möglicherweise einen Erfolg verzögert oder verhindert haben, muß einen ersten Schritt in neue und gleichzeitig uralte Denkmodelle wagen. Jede Veränderung, die ein Mensch in seiner Umgebung vornimmt, bewirkt eine Veränderung in ihm selbst und umgekehrt noch viel stärker.

Feng Shui soll das allgemeine Wohlbefinden aller Menschen, die an einem Ort leben und/oder arbeiten, unterstützen. Es ersetzt weder den Gang zum Arzt oder zum Heilpraktiker, noch kann es Marketingfehler oder eine unzureichende Unternehmensführung korrigieren. Nehmen Sie zunächst nur schrittweise kleine Veränderungen vor. Beobachten Sie, was geschieht! Der erste Schritt ist das Abwerfen von Ballast aus der Vergangenheit, Trödel, der nicht mehr zu Ihrem jetzigen Leben gehört. Fangen Sie an – mit viel Freude und Humor. Feng Shui ist ein Prozeß und bringt »Leben in die Bude«, denn Energie ist mehr als heiße Luft!

In diesem Buch werden wir nicht ausführlicher auf das Thema Feng Shui eingehen, da es bereits genügend Literatur gibt, die sich diesem Thema ausführlich widmet (siehe auch Literaturverzeichnis).

Chinesische Astrologie

Die chinesische Astrologie geht wie auch die westliche von zwölf Tierkreiszeichen aus, denen bestimmte Charaktereigenschaften zugeordnet werden. Da sich der traditionelle chinesische Mondkalender vom westlichen Kalender unterscheidet, müssen Sie zur Berechnung Ihres Tieres einen Umwandlungskalender zu Rate ziehen. Die zwölf Tierkreiszeichen haben ihren Ursprung in den sogenannten zwölf »irdischen Ästen«, die dann mit den zehn »Himmlischen Stämmen« verbunden werden.

Das hängt damit zusammen, daß die Chinesen, abgesehen vom Sonnen- und Mondkalender ihre Tage nach einem 60er-Zyklus zählen. Dabei werden die zehn »Himmlischen Stämme« mit den arabischen Zahlen von »1« bis »10« gekennzeichnet und die zwölf »irdischen Äste« zur besseren Unterscheidung mit römischen Ziffern von »I« bis »XII«. Läßt man beide Zahlenfolgen parallel laufen, ergeben sich insgesamt 60 Kombinationen von Doppelzeichen. Man hat also in China schon vor mehr als tausend Jahren versucht, das Dezimal-System mit dem Zwölfer-Zyklus in Einklang zu bringen.[18]

Zu den Verknüpfungen eines jeden Jahres gehören das entsprechende Tier des Jahres mit Irdischem Stamm, Element, günstigster Richtung, Sternengruppe und günstigstem Monat. Die besonderen Merkmale des jeweiligen Tieres sind in der folgenden Tabelle kurz aufgeführt.[18]

Tier	kurze Charakter-Typologie
Ratte	liebenswürdig – gefällig – schlau – geistesgegenwärtig und gesellig – hortet und verschwendet
Ochse ...	methodisch – routiniert – zuverlässig – mürrisch – liebt keinen Wettbewerb
Tiger	leidenschaftlich – wetteifernd – vorschnell – mutig – magnetisch – stolz – hemmungslos
Hase	in sich gekehrter Herdenmensch – meidet Konfrontationen – wohlwollend – klatschsüchtig
Drache ...	exotisch – vital – elegant – Okkultem zugeneigt – entschlossen – unmethodisch

Schlange .	weise – naiv – sensationslüstern – besitzergreifend
Pferd	gesellig – voreingenommen – selbstsüchtig – intolerant – liebt Sport und Reisen
Schaf	heikel – konservativ – methodisch – verabscheut Unordnung
Affe	kühn, aber unsicher – hyperaktiv – manisch-depressiv – nimmt Übel – erfinderisch – agil
Hahn	alert, pünktlich – offen – einsatzbereit – liebt Wettbewerb – klug und genau – extravagant
Hund	ehrlich – freundlich – Beschützer – zuverlässig – gesellig – treu gegenüber Freunden
Schwein ..	friedlich – liebt Heim und Familie – praktisch – fleißig – haushälterisch

An einigen Stellen gibt es Übereinstimmungen zwischen der chinesischen Astrologie und der NineStarKi-Analyse, so daß der gemeinsame Ursprung deutlich erkennbar wird. So spielt etwa die Fünf-Elemente-Lehre eine große Rolle. Die »Acht Himmelsrichtungen« oder Direktionen mit ihren entsprechenden Interpretationen oder Assoziationen sind identisch oder wesensgleich mit denen der NineStarKi-Analyse.

Auf der Basis der »Neun Paläste« gibt es eine ausgeklügelte Numerologie, die sich kaum von den Berechnungen in Tibet unterscheidet und bis in die heutige Zeit nicht nur im chinesischsprachigen Raum benutzt wird.

Letztendlich dürfen an dieser Stelle die »Acht Trigramme« nicht vergessen werden, basiert doch auf diesen Ideogrammen die gesamte Weltsicht. Aber auch die »28 Mondhäuser«, die »Flying Stars«, die »7 Omen« oder das »24 Sterne Omen« sind Bestandteil der chinesischen Astrologie und werden auch in unserer westlichen Welt von Feng Shui-Beratern eingesetzt.

Ming Kwa

Das Ming Kwa oder Ming Gua weist sehr viel Ähnlichkeit mit der NineStarKi-Analyse auf. Ein wesentlicher Unterschied besteht jedoch in der Berechnung. Während in der NineStarKi-Analyse Männer und Frauen gleich berechnet werden, wird im Ming Kwa für Frauen eine aufsteigende Zahlenfolge von 1 bis 9 genommen, weil sie nach Auffassung der jeweiligen Interpreten mehr Yin sind. Wohingegen die absteigende Zahlenfolge, die für Männer verwendet wird, mehr Yang sein soll. Das ist unserer Auffassung nach ein Widerspruch in sich, weil die Zahlen in ihrer Folge selbst sowohl Yang (kontrahierend) als auch Yin (expansiv) sein können.

Das Ming Kwa wird hier im Westen von einigen Feng Shui-Lehrern praktiziert und auch gelehrt, leider nur mit sehr wenig Interpretations-Beispielen aus der Praxis. Auch aus der Literatur sind uns keine Hinweise zur Interpretation des Ming Kwa bekannt. Es basiert auf dem chinesischen System der 24 Jahreszeiten, welches das Jahr in 13 Monate einteilt und mit der Wintersonnenwende beginnt. Deshalb werden die Monatszahlen anders berechnet als bei der NineStarKi-Analyse.

Nach Auffassung der westlichen NineStarKi-Spezialisten Robert Sachs, Rex Lasalle und Jon Sandiver ist das japanische System sowohl für Männer als auch für Frauen besser geeignet, wenn es darum geht, Persönlichkeitsmerkmale zu erkennen und Streßfaktoren zu bestimmen. Das könnte ihrer Auffasssung nach seine Ursache durchaus in der männlichen Dominanz der heutigen Zeit haben.[12]

Das deckt sich auch mit den Erfahrungen aus unserer Beratungspraxis. Michio Kushi hat mit NineStarKi in der absteigenden Zahlenfolge gute Erfahrungen gemacht, wie aus seinem Standard-Werk über NineStarKi hervorgeht.[20] Zur Ausübung benötigen Sie außer ein paar Grundlagen kaum theoretisches Wissen. NineStarKi ist auch unserer Erfahrung nach die klarste, deutlichste und praktischste Methode, um die eigene Lebenssituation besser zu verstehen und positiv zu beeinflussen.

	→ Monat ↓	Jahreszahl (Wandlungs-Phase)					
		männl. 1, 4, 7	weibl. 1, 4, 7	männl. 2, 5, 8	weibl. 1, 4, 7	männl. 3, 6, 9	weibl. 1, 4, 7
1	22. 12. – 05. 01.	1	5	4	2	7	8
2	06. 01. – 03. 02.	9	6	3	3	6	9
3	04. 02. – 05. 03.	8	7	2	4	5	1
4	06. 03. – 04. 04.	7	8	1	5	4	2
5	05. 04. – 05. 05.	6	9	9	6	3	3
6	06. 05. – 05. 06.	5	1	8	7	2	4
7	06. 06. – 07. 07.	4	2	7	8	1	5
8	08. 07. – 07. 08.	3	3	6	9	9	6
9	08. 08. – 07. 09.	2	4	5	1	8	7
10	08. 09. – 08. 10.	1	5	4	2	7	8
11	09. 10. – 07. 11.	9	6	3	3	6	9
12	08. 11. – 07. 12.	8	7	2	4	5	1
13	08. 12. – 21. 12.	7	8	1	5	4	2

Lo Shu-Quadrat

In weiten Teilen Asiens und in den anliegenden Gebieten wird das Lo Shu-Quadrat als Grundlage für eine Numerologie genommen. Unabhängig davon hat sich diese Art von Numerologie auch in anderen Teilen der Welt weiterentwickelt. In China selbst basiert sie auf dem klassischen Lo Shu-Quadrat mit der bereits mehrfach beschriebenen Anordnung der Zahlen.

4	9	2
3	5	7
8	1	6

Lo Shu Quadrat

Die Berechnung basiert auf dem chinesischen Mondkalender, der sich von unserem westlichen solaren Kalender deutlich unterscheidet. So hat zum Beispiel der lunare Kalender 353 bis 355 Tage, in einem Schaltjahr sogar 380 bis 385. Das bedeutet, daß der Geburtstag eines Menschen auf das chinesische Mondjahr umgerechnet werden muß. Dazu benötigen Sie die entsprechenden Umrechnungstabellen. Dann werden die Zahlen dem Lo Shu folgend in das Quadrat eingetragen. Zum Beispiel ergibt das lunare Datum 18.05.1926 die nebenanstehende Zahlenverteilung im Lo Shu-Quadrat.[21]

	9	2
	5	
8	1,1	6

18. 05. 1926

Jede Zahl hat jetzt eine besondere Bedeutung. Die Häufung in einem Feld des Quadrates ist eine Verstärkung. Und die Achsen, die sich bilden, wenn die Felder mit den Zahlen unmittelbar verbunden sind, haben wieder eine spezielle Bedeutung. Was insgesamt eine Aussage über die jeweilige Person treffen läßt.

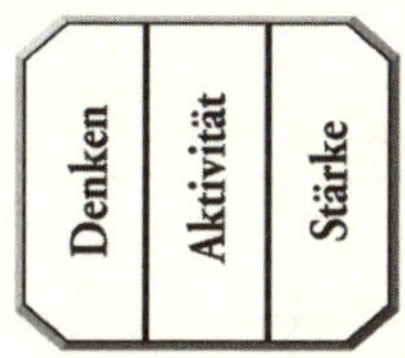

Wenn Sie sich für diese Art von Numerologie interessieren, empfehlen wir Ihnen folgende Literatur: Richard Webster: Chinese Numerology und Lilian Too, Chinese Numerology in Feng Shui. Unserer Erfahrung nach ist jedoch die NineStarKi-Analyse aufschlußreicher und treffsicherer.

Die vier Säulen des Schicksals

Die vier Säulen des Schicksals, auch Pillars of Destiny oder Bazi Suanming genannt, sind eine komplizierte Berechnungsmethode, mit deren Hilfe aus den Geburtsdaten in einer Kombination aus Elementen, den Irdischen Ästen und Himmlischen Zweigen vier Säulen entstehen, die etwas über eine Person aussagen können. Auch hier ist die Umrechnung auf den chinesischen Mondkalender notwendig. Wie so eine Berechnung aussehen kann, sehen sie in den folgenden Grafiken.

Berechnung der vier Säulen des Schicksals
Yin / Yang Harmonie

Beispiel Geburtsdatum 14. 10. 1940 um 16.49.00 Uhr

Stunde	**Tag**	**Monat**	**Jahr**
Himml. Stamm	**Himml. Stamm**	**Himml. Stamm**	**Himml. Stamm**
1	7	3	7
Yang	Yang	Yang	Yang
Holz (6)	**Metall (3)**	**Feuer (8)**	**Metall (3)**
Ird. Zweig	**Ird. Zweig**	**Ird. Zweig**	**Ird. Zweig**
IX	III	XI	V
Metall	**Holz**	**Erde**	**Erde**
Affe (4 – 9)	Tiger (3 – 8)	Hund (5 – 10)	Drache (5 – 10)
	Yin = 46	Yang = 28	

Berechnung der 8 Glücks-Säulen
Beispiel Geburtsdatum 14. 10. 1940 um 16.49.00 Uhr

BinoZahl	31	30	29	28	27	26	25	24
Alter	*78*	*68*	*58*	*48*	*38*	*28*	*18*	*(8)*
Himml. Stamm	**1**	**10**	**9**	**8**	**7**	**6**	5 [+]	4 [–]
Yin/Yang	**Yang**	**Yin**	**Yang**	**Yin**	**Yang**	**Yin**	**Yang**	**Yin**
Element	**Holz**	**Wasser**	**Wasser**	**Metall**	**Metall**	**Erde**	**Erde**	**Feuer**
Alter	*83*	*73*	*63*	*53*	*43*	*33*	*23*	*13*
Ird. Zweig	**VII**	**VI**	**V**	**IV**	**III**	**II**	**I**	**XII**
Element	**Feuer**	**Feuer**	**Erde**	**Holz**	**Holz**	**Erde**	**Wasser**	**Wasser**
Tier	**Pferd**	**Schlange**	**Drache**	**Hase**	**Tiger**	**Ochse**	**Ratte**	**Schwein**

Enneagramm

Es wäre sicherlich interessant, das Enneagramm mit der NineStarKi-Analyse zu vergleichen, da sie beide auf den Zahlen von eins bis neun basieren. Über die Wurzeln des Enneagramms gibt es keine genauen Informationen. Man vermutet den Ursprung in sufistischen Traditionen, die bis zu den Weisen von Babylon ca 2500 v. Chr. zurückführen sollen. Schriftliche Überlieferungen gibt es erst aus der zweiten Hälfte unseres Jahrhunderts. Bis dahin wurde das Wissen nur mündlich in kleinen Zirkeln weitergegeben.

Der Begriff Enneagramm leitet sich von »enneas«, dem griechischen Wort für die Zahl neun ab. Dem Enneagramm zufolge gibt es neun Persönlichkeits-Typen, die nach ihrer Fixierung bestimmt werden. Die neun Leidenschaften können erlöst werden, wenn der Mensch sich seine Fixierung bewußt macht und sich von ihr löst.

Es gibt für das Enneagramm keine Berechnungsmethode, sondern Sie müssen sich in die Texte zu den neun Zahlen einlesen, um Ihre individuelle »Ursünde« zu finden, von der Sie erlöst werden wollen. Wenn Sie die Kurzbeschreibungen der einzelnen Typen in der u. a. Tabelle[22] lesen, können Sie bei einigen Zahlen durchaus interessante Parallelen zur NineStarKi-Analyse entdecken.

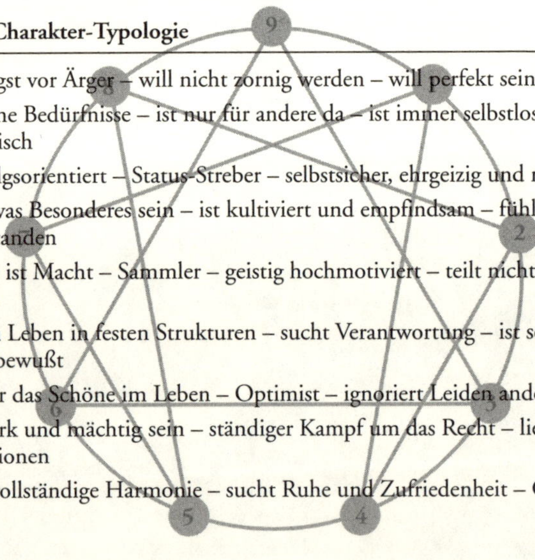

Zahl	**kurze Charakter-Typologie**
1	.... hat Angst vor Ärger – will nicht zornig werden – will perfekt sein
2	.... hat keine Bedürfnisse – ist nur für andere da – ist immer selbstlos und altruistisch
3	.... ist erfolgsorientiert – Status-Streber – selbstsicher, ehrgeizig und narzistisch
4	.... will etwas Besonderes sein – ist kultiviert und empfindsam – fühlt sich unverstanden
5	.... Wissen ist Macht – Sammler – geistig hochmotiviert – teilt nicht gern sein Wissen
6	.... will ein Leben in festen Strukturen – sucht Verantwortung – ist sehr pflichtbewußt
7	.... will nur das Schöne im Leben – Optimist – ignoriert Leiden anderer
8	.... will stark und mächtig sein – ständiger Kampf um das Recht – liebt Konfrontationen
9	.... sucht vollständige Harmonie – sucht Ruhe und Zufriedenheit – Gelassenheit

Der Myers-Briggs-Type-Indicator (M.B.T.I.)

Das Konzept des M.B.T.I. beruht auf der Typologie von C.G. Jung. Im Vordergrund steht die Gesundheit des Menschen mit ihren psychologischen Erscheinungen. Viele körperliche und emotionale Krankheiten entstehen aus einem Ungleichgewicht von Körper, Seele und Geist. Deshalb ist es wichtig, die jeweiligen Spannungen innerhalb dieses 3er-Systems zu erkennen, um den Menschen auf ganzheitlicher Ebene zu beraten.

Nach Auffassung C.G. Jungs nimmt der Mensch nicht nur seine Umwelt in einer bestimmten Art und Weise wahr und trifft entsprechende Entscheidungen, sondern er hat darüber hinaus spezifische, seiner Persönlichkeit entsprechende Vorlieben und Abneigungen. Diese gilt es zu fördern und zu entwickeln und auf gar keinen Fall zu unterdrücken.

In diesem Sinne bedeutet Erwachsenwerden, sich seine Präferenzen bewußt zu machen und sie auch zu leben. Jung geht davon aus, daß scheinbar zufällige Verhaltensweisen einen inneren Zusammenhang erkennen lassen. Da jeder Mensch eine bevorzugte Wahrnehmung der Umwelt hat, werden seine Schlußfolgerungen und die damit verbundenen Beurteilungen entsprechend ausfallen.

Der Mensch ist nicht nur einzigartig und interessant, sondern darüber hinaus auch ein sehr komplexes Lebewesen, welches sich verändert und vielen Stimmungen und Emotionen unterworfen ist, sei es Freude, Wut, Haß, Neid, Gier usw. C. G. Jung erkannte trotz der Menge unterschiedlicher Verhaltensweisen des Menschen, daß sich eine gewisse Ordnung herstellen läßt, und zog daraus die Erkenntnis, wie der Mensch seine Umwelt wahrnimmt und wie er in bestimmten Situationen reagiert und urteilt.

Unabhängig von C. G. Jung stellte die amerikanische Psychologin Katharine Briggs 1926 der Öffentlichkeit eine eigene Klassifikation der Persönlichkeit vor. Sie hatte die Unterschiede der vier verschiedenen Typen (nachdenklich, spontan, sozial, entschlossen) bereits beschrieben, als ihr eine Übersetzung von C. G. Jungs Typologie in die Hände fiel. Sie stellte fest, daß ihre Theorie der menschlichen Persönlichkeit weitgehend mit der von Jung übereinstimmte, und beschäftigte sich in den darauffolgenden Jahren intensiv mit der Jungschen Typologie.

Zusammen mit ihrer Tochter Isabel Briggs Myers begann sie im Jahr 1942 sich mit den Unterschieden menschlicher Persönlichkeiten auseinanderzusetzen. Sie gingen den Fragen nach, warum sich ein Mensch in verschiedenen Situationen so und nicht anders verhält. Warum reagieren Menschen auf bestimmte Situationen so unterschiedlich? Warum werden bestimmte Dinge bevorzugt oder abgelehnt? Warum komme ich mit diesem Menschen besonders gut aus und mit jenem nicht?

Um den Menschen in seiner Einmaligkeit verstehen zu lernen, entwikkelten Katherine Briggs und ihre Tochter Isabell Briggs Myers einen Fragenkatalog. Das Ergebnis war der Myers-Briggs-Typen-Indikator (M.B.T.I.).

Der seit den sechziger Jahren vorliegende und mit Erfolg angewandte M.B.T.I. ist nicht nur ein zuverlässiges Meßinstrument, sondern hilft jedem Individuum, sich seiner selbst und seiner Umwelt bewußt zu werden. Außerdem kann man damit in bestimmten Situationen, sei es im Arbeits- oder Privatbereich, Entscheidungen besser treffen. Darüber hinaus gewinnt man über den M.B.T.I. Selbsterkenntnis und Einblick in psychische Zusammenhänge, die wiederum zu einem guten psychischen Gesundheitszustand, zu Ausgeglichenheit und Selbstakzeptanz führen.

Die Typologie zwingt niemanden in eine Schublade. Der M.B.T.I. nimmt auf keinem Fall eine Festlegung in eine bestimmte Richtung vor. Es handelt sich um ein dynamisches Meßinstrument, mit dessen Hilfe Präferenzen bezüglich Wahrnehmung und Beurteilung zu erkennen sind. Damit kann die Auswirkung jeder Präferenz – allein oder in Kombination mit anderen – ermittelt und praktisch erfahren werden. Alle Typen sind gleich wertvoll, und das Vertrauen in die eigenen Präferenzen – sofern sie wirklich als eigene anerkannt werden – bildet eine wesentliche Voraussetzung für die individuelle Entwicklung der Persönlichkeit.

Jeder Mensch nimmt auf eine bestimmte Weise Dinge und Situationen wahr und beurteilt sie entsprechend. Es gibt zwei verschiedene Formen des Wahrnehmens und des Beurteilens, die auch Funktionen genannt werden. Man kann dies mit allen fünf Sinnen tun, oder man erfaßt den gleichen Vorgang intuitiv.

Die Beurteilung einer Situation kann entweder analytisch oder gefühlsmäßig vorgenommen werden. Da die Funktionen danach beeinflußt werden, wie ein Mensch seine Umwelt erlebt, ergänzen zwei weitere Attribute den M.B.T.I. Der Mensch hat entweder eine Präferenz für die Außenwelt seiner Mitmenschen oder Situationen – man spricht von außenorientierten bzw. extravertierten Wahrnehmungen –, oder die Präferenz liegt in der Innenwelt der Ideen und Gedanken – dann spricht man von innenorientierter bzw. introvertierter Einstellung.

Extraversion (E) -------------- (I) Introversion
Sinnliche Wahrnehmung (S) -------------- (N) Intuitive Wahrnehmung
Analytische Beurteilung (T) -------------- (F) Gefühlsmäßige Beurteilung
Beurteilung (J) -------------- (P) Wahrnehmung

Die Präferenzen untereinander entwickeln eine eigene Dynamik und Spannung, je nachdem wie sich der Mensch entscheidet. Wer zum Beispiel eine Präferenz in der analytischen Beurteilung hat, wird sich in der gefühlsmäßigen Beurteilung einer Situation eher schwertun. Ebenso wird es mit der Präferenz der intuitiven Wahrnehmung gehen, bei der dann die sinnliche Wahrnehmung eher in den Hintergrund tritt. Die verschiedenen Kombinationen der Präferenzen, der Beurteilung und der Wahrnehmung bilden eine wichtige Voraussetzung für die Entwicklung der Persönlichkeit.

Heute steht der M.B.T.I. in drei amerikanischen und einer deutschen Version sowie in 24 weiteren Übersetzungen weltweit zur Verfügung und ist damit das am häufigsten erprobte und sicherste Handwerkszeug zur Feststellung und Entwicklung der Persönlichkeit.

Seine Anwendung findet der M.B.T.I. in folgenden Bereichen:

- Förderung der persönlichen Beziehungen
- Entwicklung von individuellen kommunikativen Fähigkeiten
- Unterstützung der Organisationsentwicklung
- Coaching von Führungskräften
- Ausbildung, Beratung allgemein und Berufsberatung
- Marketing und Verkaufs-Kommunikation

Weltweit wird der Indikator bis heute millionenfach in großen Firmen erfolgreich eingesetzt und ist ein wichtiges Instrument für die Unternehmungs-Entwicklung.[19]

ISTJ	ISFJ	INFJ	INTJ
ISTP	ISFP	INFP	INTP
ESTP	ESFP	ENFP	ENTP
ESTJ	ESFJ	ENFJ	ENTJ

Tabelle zur Ermittlung der Jahreszahl

Jahr	Ki-Zahl	Jahr	Ki-Zahl	Jahr	Ki-Zahl
1900	1	1940	6	1980	2
1901	9	1941	5	1981	1
1902	8	1942	4	1982	9
1903	7	1943	3	1983	8
1904	6	1944	2	1984	7
1905	5	1945	1	1985	6
1906	4	1946	9	1986	5
1907	3	1947	8	1987	4
1908	2	1948	7	1988	3
1909	1	1949	6	1989	2
1910	9	1950	5	1990	1
1911	8	1951	4	1991	9
1912	7	1952	3	1992	8
1913	6	1953	2	1993	7
1914	5	1954	1	1994	6
1915	4	1955	9	1995	5
1916	3	1956	8	1996	4
1917	2	1957	7	1997	3
1918	1	1958	6	1998	2
1919	9	1959	5	1999	1
1920	8	1960	4	2000	9
1921	7	1961	3	2001	8
1922	6	1962	2	2002	7
1923	5	1963	1	2003	6
1924	4	1964	9	2004	5
1925	3	1965	8	2005	4
1926	2	1966	7	2006	3
1927	1	1967	6	2007	2
1928	9	1968	5	2008	1
1929	8	1969	4	2009	9
1930	7	1970	3	2010	8
1931	6	1971	2	2011	7
1932	5	1972	1	2012	6
1933	4	1973	9	2013	5
1934	3	1974	8	2014	4
1935	2	1975	7	2015	3
1936	1	1976	6	2016	2
1937	9	1977	5	2017	1
1938	8	1978	4	2018	9
1939	7	1979	3	2019	8

Tabelle zur Ermittlung der Monatszahl

↓	Monat	Jahreszahl (Wandlungs-Phase) 1, 4, 7	2, 5, 8	3, 6, 9
1	04.02.–05.03.	8	2	5
2	06.03.–04.04.	7	1	4
3	05.04.–05.05.	6	9	3
4	06.05.–05.06.	5	8	2
5	06.06.–07.07.	4	7	1
6	08.07.–07.08.	3	6	9
7	08.08.–07.09.	2	5	8
8	08.09.–08.10.	1	4	7
9	09.10.–07.11.	9	3	6
10	08.11.–07.12.	8	2	5
11	08.12.–05.01.	7	1	4
12	06.01.–03.02.	6	9	3

Eigene Notizen und Bemerkungen:

5-3-7-3

Tabelle für die eigene NineStarKi-Chronologie			
Name	Geburtsdatum	Grundelement	Zahlenfolge
		Einzelne Ziffern des kompletten Geburtsjahres addieren; Quersumme bis max. »10« bilden; von »11« subtrahieren oder die 1. Zahl von Jahrestabelle auf S. 24 übertragen = 1. Zahl/ Grund-Element 1 = WASSER; 2 = ERDE; 3 = HOLZ; 4 = HOLZ; 5 = ERDE; 6 = METALL; 7 = METALL; 8 = ERDE; 9 = FEUER	1. Zahl von vorheriger Spalte übernehmen – 2. Zahl aus Tabelle auf S. 26 herausrechnen – Bagua mit der 2. Zahl in der Mitte zeichnen; mit dem Lo-Shu-Quadrat als Raster mit der »5« in der Mitte der 3. oder Tendenz-Zahl bestimmen; der Platz der 4. oder Tendenz-Zahl ist genau gegenüber
			5 3 7 3

Name: ____________
Zahlen:

4	9	2
3	5	7
8	1	6

Name: ____________
Zahlen:

4	9	2
3	5	7
8	1	6

Name: ____________
Zahlen:

4	9	2
3	5	7
8	1	6

Name: ____________
Zahlen:

4	9	2
3	5	7
8	1	6

Name: ____________
Zahlen:

4	9	2
3	5	7
8	1	6

Name: ____________
Zahlen:

4	9	2
3	5	7
8	1	6

Name: ____________
Zahlen:

4	9	2
3	5	7
8	1	6

Name: Eva
Zahlen: 5 3 7 3

4	9	2
3	5	7
8	1	6

Name: ____________
Zahlen:

4	9	2
3	5	7
8	1	6

Name: ____________
Zahlen:

4	9	2
3	5	7
8	1	6

Name: ____________
Zahlen:

4	9	2
3	5	7
8	1	6

Name: ____________
Zahlen:

4	9	2
3	5	7
8	1	6

Quellen-Verzeichnis und weiterführende Literatur

NineStarKi und verwandte Literatur

Koji Higa, NineKi Almanac, Great Barrington USA 1999
Mishio Kushi, Neun-Sterne-Ki-Astrologie, Völklingen 1988
Roland Rottenfußer, Mein Persönlichkeits Feng Shui, Aitrang 1999
Jon Sandifer, Feng Shui Astrology, New York 1997
Robert Sachs, The Complete Guide to Nine Star Ki, Rockport USA 1992
Robert Sachs, Die Neun Sterne Astrologie, Sulzberg 1998
Robert Sachs, Nine Star Ki, Boston USA 1999
Lillian Too, Chinese Astrology, 4. Auflage 1996
Richard Webster, Chinese Numerology, St. Paul USA 1998
Takashi Yoshikawa, Feng Shui Astrology, York Beach (Maine) USA 1999

Feng Shui

Harald Jordan, Räume der Kraft schaffen, Freiburg 1997
Susanne Marx, Inneres Feng Shui, Freiburg i.B. 2000
Günther Sator, Die Kraft der Wohnung entdecken und nutzen, München 1998
Günther Sator, Feng Shui am Arbeitsplatz, Hamburg 1999
William Spear, Feng Shui made easy, San Francisco USA 1995
William Spear, Die Kunst des Feng Shui, München 1996
Lillian Too, Practical Applications of Feng Shui, 6. Auflage 1996
Lillian Too, Applied Pakua und Lo Shu Feng Shui, 6. Auflage 1995

Numerologie

Erich Bischoff, Mystik und Magie der Zahlen, Wiesbaden, 2. Auflage 1992
Endres/Schimmel, Das Mysterium der Zahl, München 10. Auflage 1997
Christa Zettel, Das Geheimnis der Zahl, München 1995

Symbolik und Mystik

Helmut Hofmann, Mit Symbolen intuitiv arbeiten, München 1999
Agrippa von Nettesheim, Die Magischen Werke, Wiesbaden, 4. Auflage 1991
James N. Powell, Tao der Symbole, München 1989
Herder Lexikon der Symbole, Freiburg i.B. 1992
Gary Zukav, The Seat of the Soul, New York USA 1989

Taoismus

John Heider, Das Tao der Führung, Basel 4. Auflage 1995
Laotse, Tao te king, München 9. Auflage 1995

Donal G. Krause, Die Kunst des Krieges für Führungskräfte, Wien 1996
Sun Tsu, Wahrhaft siegt, wer nicht kämpft, Freiburg i.B. 1995
Isabelle Robinet, Geschichte des Taoismus, München 1995

I Ging

Franciscus Adrian, Die Schule des I Ging, München 1994
Lama Anagarika Govinda, Die innere Struktur des I Ging, Braunschweig, 2. Auflage 1992
Matthias Dalvit, Geburts-I Ging und Astrologie, München 1997
René van Osten, I Ging Lebensbuch, Aitrang 1998
René van Osten, I Ging Kalender 1999 und 2000, Aitrang 1999/2000
René van Osten, Die Pflaumenblüten-Astrologie, Aitrang 1998
Richard Wilhelm, I Ging, München, 20. Auflage 1992

Typologie

Uwe Böschemeyer, Vom Typ zum Original, Laahr 1994
C.G. Jung, Typologie, München, 4. Auflage 1995
C.G. Jung, Der Mensch und seine Symbole, Olten, 12. Auflage 1980
Richard Bents/Rainer Blank, M.B.T.I , München, 2. überarbeitete Auflage 1997
Richard Bents/Rainer Blank, Typisch Mensch, Rosdorf, 2. überarbeitete Auflage 1997
Klausbernd Vollmar, Das Enneagramm, München 1995

Management

Robert Axelrod, Die Evolution der Kooperation, München 1997
Foster/Corby, Einfälle für alle Fälle, Wien/Frankfurt 1998
Manfred Jahrmarkt, Das Tao Management, München 1995
Klaus Linneweh, Bevor es mich zerreisst, München, 4. Auflage 1999
Walter Simon, Rede nicht, handle, Offenbach, 3. Auflage 1996

Mathematik, Physik und Bewußtsein

Fritjof Capra, Das Tao der Physik, München 1997
Friedrich Cramer, Chaos und Ordnung, Frankfurt a. M. 1. Auflage 1993
Friedrich Cramer, Symphonie des Lebendigen, Frankfurt a. M. 1. Auflage 1998
Friedrich Cramer, Der Zeitbaum, Frankfurt a. M. 1. Auflage 1996
Jeremy Hayward, Die Erforschung der Innenwelt, München 1990
George Leonhard, Der Rhythmus des Kosmos, München 1986
Dominic Olivastro, Das chinesische Dreieck, München 1995
Charles Seife, Zwilling der Unendlichkeit, Berlin 2000
Gary Zukav, Die tanzenden Wu Li Meister, Hamburg 1985

Anmerkungen

1 Gary Zukav, *Die tanzenden Wu Li Meister,* rororo, Mai 1985

2 William Spear, *Die Kunst des Feng-Shui,* Knaur, November 1996

3 Heraklit in Friedrich Cramer, Symphonie des Lebendigen, Insel TB, 1998

4 C. G. Jung, *Typologie,* dtv, März 1995

5 Richard Wilhelm/C. G. Jung, *Geheimnis der Goldenen Blüte,* Diederichs, 7. Auflage 1996

6 Robert G. Jahn und Brenda J. Dunne, *An den Rändern des Realen,* Zweitausendundeins, 1. Auflage April 1999

7 Robert Reiniger in Lama Anagarika Govinda, *Die Innere Struktur des I Ging,* Aurum 1993

8 Richard Wilhelm/C. G. Jung, *Geheimnis der Goldenen Blüte,* Diederichs, 7. Auflage 1996

9 Richard Bents/Reiner Blank, *M.B.T.I.,* Claudius, 2. verb. Auflage 1997

10 Dominic Olivastro, *Das chinesische Dreieck,* Droemer Knaur, 1995

11 Dominic Olivastro, *Das chinesische Dreieck,* Droemer Knaur, 1995

12 Robert Sachs, *Nine Star Ki, Your Astrological Compagnion to Feng Shui,* ELEMENT Books, 1999

13 Heraklit in Friedrich Cramer, *Symphonie des Lebendigen,* Insel TB, a.a.o.

14 Jean Gebser in Lama Anagarika Govinda, *Die Innere Struktur des I Ging,* Aurum-Verlag, 1993

15 Achim Eckert, *Das heilende Tao, Bauer,* Freiburg, 3. Auflage 1992

16 Robert Sachs, *Die Neun Sterne Astrologie,* Joy-Verlag, 1998

17 Klaus Linneweh, *Bevor es mich zerreisst,* Econ, München, 4. Auflage 1999

18 Derek Walters, *Chinesische Astrologie,* M&T-Verlag, Zürich, 1. Auflage 1990

19 Richard Bents, Rainer Blank, *Typisch Mensch,* Belz Test GmbH, Göttingen 1995 und M.B.T.I., a.a.O.

20 Mishio Kushi, *Neun-Sterne-Ki-Astrologie,* Völklingen 1988

21 Richard Webster, *Chinese Numerology,* St. Paul USA 1998

22 Klausbernd Vollmar, *Das Enneagramm,* München 1995

Kontaktadresse:

Volker Albert und Edith Baillieu

Ichoring 34

D-82057 Icking im Isartal

e-mail: fengshuialbert@arcormail.de

Autorenbiografien

Edith Baillieu,
Jahrgang 1944, ist Unternehmens- und Feng Shui-Beraterin. Bereits während ihres langjährigen Mexiko-Aufenthaltes bis Mitte der 70er Jahre befasste sie sich intensiv mit orientalischem Wissen sowie alternativen Ernährungs- und Gesundheitsfragen. Sie führte 14 Jahre lang ein Naturkost-Fachgeschäft – das menschliche Wohlergehen lag ihr immer schon sehr am Herzen. Gleichzeitig studierte sie Makrobiotik, Feng Shui, NineStarKi-Astrologie und bildete sich zur lizensierten Personalberaterin in der Jung'schen Typologie (M.B.T.I.) fort. Ein besonderes Anliegen ist ihr die Transformation der Weisheit des Feng Shui für den europäischen Kulturkreis, das bei der Gestaltung auch für westliche Maßstäbe praktikabel umgesetzt wird. Unter Einbindung der NineStarKi-Analyse, Farb- und Stilberatung und Diätetik nach den Fünf Elementen eröffnet sie ihren Klienten eine umfassendere und somit ganzheitlichere Perspektive in ihrer Beratungstätigkeit. Heute berät sie gemeinsam mit ihrem Partner Volker Albert Klienten in Unternehmens- und Feng Shui-Fragen.

Volker Albert,
Jahrgang 1940, ist Unternehmens- und Feng Shui-Berater. Nach fast dreißigjähriger Tätigkeit als Offizier mit Schwerpunkt Personalschulung, -führung und Sicherheitsfragen, führte er mehrere Jahre eine Direktmarketing-Agentur. Seit über 25 Jahren befasst er sich mit dem Wissen östlicher Kulturen, insbesondere mit dem I Ging. Das führte ihn Ende der 80er Jahre zum Feng Shui und zur NineStarKi-Astrologie. Seine Beratungskompetenz in Kombination mit Feng Shui, I Ging und der NineStarKi-Analyse, verbunden mit Marketing, wird besonders gern von Geschäftskunden in Anspruch genommen. Sein Wissen vermittelt er in Beiträgen zur Fachpresse, in Seminaren und Vorträgen vor Interessierten und Unternehmen. Zusammen mit seiner Partnerin Edith Baillieu berät er heute Privatkunden wie auch Unternehmen bei radiästhetischen Problemen, in Feng Shui-, Personal- und Unternehmensfragen. Gemeinsam erarbeiteten sie sich in den letzten Jahren ihr Konzept der NineStarKi-Analyse, da der Mensch im Mittelpunkt aller ihrer Bemühungen steht.

René van Osten

I Ging – Das Buch vom Leben

Wegweiser zu einem Leben in Einklang mit den sichtbaren und unsichtbaren Kräften

In diesem Buch werden die die Türen zum Verständnis der 64 Hexagramme geöffnet. Das Kernstück bilden die Texte und Kommentare zu den Hexagrammen. Der von René van Osten gewählte Stil folgt der Tradition tiefer Weisheit und baut zugleich sprachliche Brücken zum 21sten Jahrhundert.
Die dem I Ging innewohnende Welt- und Weitsicht ist von unermeßlicher Tiefe. René van Osten reicht mit diesem Buch all jenen, die den Sprung in höhere Erkenntnisebenen wagen wollen, eine hilfreiche Hand.
Das I Ging kann für sich beanspruchen, in seiner Kraft und Weisheit ebenso bemerkenswert zu sein, wie beispielsweise die Bibel. René van Osten gehört zu den wenigen Menschen, die heute die „Hohe Schule des I Ging“ lehren.

ca. 500 Seiten, ISBN 3-89385-336-7
www.windpferd.com

René van Osten (Hrsg.)

I Ging Kalender

Anleitungen und Meditationen für jeden Tag

Dieser Kalender ist ein wahres Kleinod für jeden I Ging-Anwender.
- Jede Woche auf einer Doppelseite
- Jahresvorschau, Monatsübersicht
- Ferientermine
- Wichtige Beiträge
- I-Ging-Autoren und -Forscher
- Tips zum Orakeln
- Beiträge zum tieferen Verständnis
- Tageshexagramme des I Ging
- Einteilung des Tages in günstige und ungünstige Abschnitte

Genau der richtige Kalender für Menschen, die ihr Leben im Einklang mit den universellen Weisheitsgesetzen leben möchten. Gleich, ob das Orakeln, die Einflußnahme auf unsere Zukunft, oder die Kenntnis der Energien von Himmel und Erde im Vordergrund stehen, hier finden sich interessante Beiträge, neue Methoden und viel Spannendes.

ca. 240 Seiten · Format: A6
ISBN 3-89385-341-3
www.windpferd.com

Petra Schneider · Gerhard K. Pieroth

Hilfe aus der geistigen Welt

Aufgestiegene Meister und andere Lichtwesen begleiten unseren spirituellen Weg

Mit Hilfe dieses Buches werden Sie die geistige Welt besser und grundlegender verstehen und praktische Anleitungen werden helfen, sie in Ihr Leben zu integrieren. Es eröffnet sich eine neue Sichtweise: tägliche Probleme erscheinen in anderem Licht, Hilfen werden erkannt und die Herausforderungen des Alltags können leichter gemeistert werden. Erfahrungsberichte zeigen, wie Transformationsschritte durch liebevolle Begleitung aus der geistigen Welt schneller bewältigt werden. Denn wir sind auf dem spirituellen Weg nicht allein. Das Buch ist für jeden geeignet, ob jung oder alt, ob Patient oder Therapeut. Es ist ein fundiertes Nachschlagewerk und eine praxisorientierte Anleitung für ein besseres, glücklicheres Leben ohne hemmende Probleme.

240 Seiten, 3-89385-318-9
www.windpferd.com

Alexander Gosztonyi

Die Welt der Reinkarnationslehre

Das umfassende Grundlagenwerk zur Geschichte, Beweisbarkeit und Praxis der Reinkarnationslehre sowie ihre Bedeutung für Psychologie und das Weltbild des Christentums

Es wird eingehend gezeigt, daß das wiederholte Erdenleben, die Reinkarnation, keine blosse Vorstellung oder eine Hypothese ist. Ihre Kenntnis beruht vielmehr auf konkreter Erfahrung, die für alle Menschen offensteht. Der Autor, der seit vier Jahrzehnten als Rückführungstherapeut tätig ist, erörtert darin alle wichtigen Fragen, die sich im Zusammenhang mit Reinkarnation stellen, und gibt einen historischen Überblick über die verschiedenen Reinkarnationslehren. Das Buch gibt zudem allen, die sich Gedanken über den Sinn des Lebens machen, grundlegende Hinweise dafür, wie sie es als einen groß angelegten inneren Entwicklungsprozeß verstehen können.

352 Seiten · 3-89385-319-7
www.windpferd.com